White Eagle: Unser geistiger Bruder spricht

White Eagle

Unser geistiger Bruder spricht

Worte von White Eagle

Aquamarin Verlag

White Eagle Kontaktadressen:

White Eagle Center Deutschland:
Annemarie Libera
Schraystr. 2 · D-82110 Germering
Telefon 0 89/8 41 77 90 · Fax 0 89/8 41 77 90

White Eagle Stern-Zentrum Schweiz:
Carol Sommer
Im Kehr 79 · CH-3412 Heimiswil
Telefon und Fax 0 34/4 23 24 44

Titel der englischen Originalausgabe:
The gentle Brother

Übersetzung: Jana Faust

4. Auflage 2000

Voglherd 1 · D-85567 Grafing
Druck: Ebner Ulm

ISBN 3-922936-31-8

INHALTSVERZEICHNIS

VORWORT

Das vorliegende Buch enthält kurze Auszüge der Botschaften von White Eagle an die Brüder seiner Loge und möge dazu dienen, dem geistig Suchenden Rat und Hilfe im Alltag seines Lebens zu bieten.

Diese Ausführungen von White Eagle waren lange Zeit unter dem Titel 'The Gentle Brother' ('der sanfte Bruder') die beliebteste Textseite der Zeitschrift STELLA POLARIS*), und viele ihrer Freunde regten an, sie zu sammeln und in Form eines handlichen Büchleins herauszugeben, das man jederzeit bei sich tragen oder als Lektüre vor dem Einschlafen auf seinem Nachttisch haben könnte.

White Eagle versteht es meisterhaft, in behutsamer Weise den Finger auf die richtige Stelle zu legen, nämlich dorthin, wo die besonderen Probleme jedes einzelnen zu finden sind, und er hat dann für diese Probleme stets weise, zweckmäßige und hilfreiche Ratschläge bereit.

Über lange Jahre hinweg war White Eagle ein Freund vieler Menschen, und alle, die seine Stimme kennen, werden — wenn sie dieses Buch lesen — sich sowohl an seine liebevolle Art erinnern als auch an die kraftvolle Autorität, mit der er zu sprechen pflegte. Die Grundlagen seiner Weisheit können in allen geistigen Schriften der Welt wiedergefunden werden, besonders in denen der vier Apostel der Christlichen Lehre.

*) Die Zeitschrift der White Eagle Gemeinschaft, d.H.

So übergebe ich hiermit dieses Büchlein von White Eagle seinen Lesern — verbunden mit all seiner Liebe und seinem Segen für die Menschen.

Grace Cooke

I.

SEID GÜTIGEN HERZENS

1

Wir würden gerne zu jedem von euch persönlich sprechen, wenn es möglich wäre. Doch wissen wir, weit mehr als ihr ahnt, von euren ureigensten Nöten, Verpflichtungen und Ängsten. Einen jeden von euch sehen wir in seiner 'kleinen Wolke'. Wir nehmen teil an euren Sorgen um eure Familie oder einen lieben Freund. Wir sind bei euch, wenn ihr euch einsam fühlt und Sehnsucht verspürt nach mehr Liebe — mehr Verwirklichung und Erfüllung von Liebe — in eurem Leben und eurem Herzen. Vielleicht habt ihr gerade eine Enttäuschung erlebt, oder ihr meint, nicht fähig zu sein, die geistige Arbeit zu vollbringen, die ihr euch vorgenommen habt, und zu der ihr euch fähig fühlt. Alle solche Gedanken und Gefühle verursachen kleine oder manchmal auch große Wolken, die euch einhüllen und umnebeln.

Wir wissen aus der Erfahrung unserer eigenen Vergangenheit und aus allem, was wir in euch und auf eurem Weg vor euch sehen, daß, wenn ihr mit Hilfe eurer Vorstellungskraft beide Hände vertrauensvoll in die eurer elterlichen Gottheit legt — und so Vater-Gott eure eine und Mutter-Gott eure andere Hand hält, und damit das Dreieck zwischen euch und euren göttlichen Eltern geschlossen ist — Licht in euer Leben scheinen und alle Furcht und Angst von euch nehmen wird.

Dann werdet ihr erkennen, daß die Wolke eurer Sorgen und Nöte sich wie durch einen silbernen Schimmer erhellt. Ihr werdet Erfüllung und Glück erlangen, sowie die Fähigkeit freudig zu dienen.

Aber vergeßt nicht: Gott kennt keine Eile. Wir, seine Kinder, müssen das Zeitmaß Gottes annehmen und lernen, uns in Geduld zu üben. Wenn wir ungeduldig werden und eine Gelegenheit, die uns geboten wird, zurückweisen oder ihr gar davonlaufen, um irgendeiner Vergnügung oder etwas Neuem, das uns gerade beschäftigt, nachzugehen, dann verschwenden wir eine Menge Zeit. Denn das, was uns zugedacht war, um daraus zu lernen, muß dann wiederholt werden, genau bis zu dem Punkt, wo die Lektion der Geduld und Besonnenheit von uns hätte gemeistert werden müssen.

Wenn wir aber fortfahren durchzuhalten, auch wenn es uns schwerfällt, wenn wir dankbar und vertrauensvoll auf dem vorgezeichneten Weg weiter fortschreiten, dann werden wir mit Erfüllung und Erreichung unseres Zieles gesegnet sein.

Wir werden ein Glück erlangen, das uns die Welt nicht geben und einen Frieden finden, den sie uns nicht mehr nehmen kann.

2

Während wir noch hier mit euch auf Erden sind, nehmen wir teil an eurem Leben, euren Gedanken, euren Sorgen, aber wir tragen sie nicht mit uns fort, wenn wir uns in die geistigen Welten erheben. Stattdessen bringen wir Glück und Liebe zu euch herab.

Es ist unser Wunsch, daß ihr euch so oft ihr könnt in die Gefilde der Harmonie und Wahrheit begebt, damit ihr ganz in sie eindringen könnt. So wie ein Schwamm sich auffüllt, wenn er in Wasser gelegt wird, werdet ihr angefüllt werden mit Licht und Harmonie der höheren Sphären. Das Dunkle der Welt wird dann über euch keine Macht mehr ausüben können.

Vielen Heiligen wurde höchste Glückseligkeit zuteil, obgleich sie in ziemlicher Armut leben mußten. Darum ist nichts in der materiellen Welt so wichtig, wie die Liebe Gottes in eurem Herzen. Wenn ihr euren Körper dereinst verlassen müßt, werdet ihr auch alle irdischen Dinge hinter euch zurücklassen. Wenn dann euer Herz voller Liebe und Frieden ist, werdet ihr im Himmel sein; aber wenn euer Herz voller Feindschaft ist, unzufrieden und unglücklich, werdet ihr nicht im Himmel sein. Das ist der Grund, warum die Meister erklären, daß nichts so wesentlich ist, wie die Liebe Christi in eurem Herzen. Alle Probleme der irdischen Welt werden dahingehen. Sie werden verschwinden – sie sind so unwichtig. Konzentriert euch daher auf das innere Licht in eurem Herzen, auf Ruhe und Gelassenheit und geistige Freuden. Ihr werdet dann alles besitzen, was ihr zum Leben nötig habt.

3

Der Weise sagt: Ein weiser Mensch sorgt sich weder um die Lebenden, noch um jene, die in die Welt des Lichtes hinübergegangen sind. Der Weise weiß, daß es keinen Tod gibt. Er weiß um den all-liebenden Vater-

Mutter-Gott, der über die Kinder der Erde wacht und seine Engel zu ihnen sendet, um sie zu beschützen.

Eine der schwierigsten Aufgaben, die von euch gemeistert werden müssen, ist die vollkommene Hingabe an diese all-weisen und liebenden ELTERN. In euren mitmenschlichen Beziehungen gibt es vieles, was für euch nicht verständlich ist. Wie oft müßt ihr etwas erleiden, was euch ungerecht vorkommt. Doch ist das alles nur eine Frage der Geduld. Denn immer wieder wirken Einflüsse in das menschliche Leben hinein, die ausgleichen, was zuvor als Ungerechtigkeit erschien. Ihr müßt nur den nötigen Weitblick üben; und jene Brüder in den geistigen Welten, die weiter sehen können als ihr, würden euch jederzeit bestätigen können, daß letztendlich alle krummen Wege in gerade Wege verwandelt werden. So seid geduldig. Lebt euer Leben auf weite Sicht und schenkt euer Vertrauen dem Großen Weißen Geist. Alle Ungerechtigkeiten, die ihr erduldet habt, werden dann zum Ausgleich kommen. — Seid guten Mutes! Zur rechten Zeit wird ein jeder von euch dankbar sagen können: "Wie wunderbar hat Gottes Allmacht das Gesetz des Karma für mich walten lassen!"

Die magische Kraft des Christus-Geistes wirkt in dieser Welt und arbeitet langsam und stetig im Verborgenen, um das Leben der Menschen zur Vollkommenheit zu führen. Wir bitten euch, unerschütterlich daran festzuhalten, daß diese magische Kraft alle Menschen über sich selbst hinausheben kann und wird. Wenn ihr dessen gewiß seid, werdet ihr mit dem göttlichen Gesetz in Einklang leben und mitwirken können am göttlichen Plan.

Die Liebe aller Weißen Brüder umgibt euch. Seid froh und dankbar und ohne jeden Zweifel. Alles ist gut! Es gibt nichts, was ihr fürchten müßtet. Nehmt eure Pflichten auf euch und geht ruhig und unerschütterlich euren Weg: Tag für Tag und mit freudiger Gewißheit. Wandelt euren Lebensweg Hand in Hand und Herz an Herz mit jenen leuchtenden Wesen und Brüdern, die mit euch zusammenarbeiten.

Gott wird euch nie verlassen. Seid voller Zuversicht. Das ist alles. Mehr braucht ihr nicht. Das Licht in euch und eure innere Stimme werden euch führen und erkennen lassen, welche Pflichten euch auferlegt wurden. Dann erfüllt diese Pflichten und schaut ohne Furcht in das Antlitz eures Meisters.

4

Der einzig wahre Weg für den Menschen ist der des Vertrauens in Gott und Seine vollkommene Weisheit. Nur wenn ihr euer Vertrauen auf Gott setzt, könnt ihr das Leben so annehmen wie es ist, im *Wissen* darum, daß es nicht anders als gut sein kann. Das Leben ist euch in Liebe gegeben, und alle Ereignisse in eurem Dasein müssen schließlich zusammenwirken, um euch Licht und geistige Weiterentwicklung zu schenken.

Gott zu vertrauen, bedeutet in vollkommenem Frieden zu sein. Versucht einmal, das Leben als einen Wachstumsprozeß anzusehen. Betrachtet alles, was zunächst unangenehm und belastend erscheint, als etwas, das irgendwann auch Schönheit und Vollkommenheit in euer Leben bringen wird.

Wenn ihr auf Gott vertraut, werdet ihr unberührt bleiben von allem, was diese Welt euch an Leid und Enttäuschung zufügen kann. Ihr werdet euch auch nicht mehr verwirrt und geplagt fühlen, weil ihr zu wahrem Gottvertrauen gefunden habt.

Nichts ist Wirklichkeit, außer der Liebe und Weisheit Gottes. Ihr sagt vielleicht: "Aber das Problem des Leidens ist doch sehr wirklich für alle, die durch Leid hindurchgehen müssen." Doch wir antworten euch, daß derjenige, der leidet, Erlösung von diesem Leid finden kann durch seine vollständige Hingabe an die Liebe Gottes. Leid entsteht, weil der Mensch der Gegenwart Gottes nicht gewahr wird. Dadurch entfremdet er sich von Gott und trennt sich von Seiner Liebe.

Das Problem des Leidens kann solange nicht verstanden werden, wie der Lernende, der Suchende, noch an die Begrenzungen des physischen und materiellen Lebens gebunden ist. Sobald er sich jedoch aus diesen Begrenzungen befreit hat — auch während er noch in einem physischen Leib lebt — wird er das Leiden der Menschen verstehen und in seiner tiefen Bedeutung erfassen können. Doch erfordert das ein immerwährendes Streben zu Gott. Es muß die Entscheidung fallen, ganz auf der Seite Gottes zu stehen; es muß ein dauerndes Bemühen, eine stetige Bereitschaft vorhanden sein, den Weg Gottes zu gehen. Lebt euer Leben mit dem Gedanken und in dem Gedanken, daß Gott gut ist — wahre Güte ist.

Trachtet danach, das Königreich Christi *in euch*, in eurem eigenen Herzen zu erkennen und in ihm zu leben: im Königreich des Christus-Sternes. Wenn ihr dieses vollkommene Leben in eurem Inneren entfalten könnt, wird es sich auch mehr und mehr in eurem äußeren Leben und eurer Umgebung verfestigen. Damit wird sich auch ein göttliches Gesetz erfüllen, das lautet: '... so wie oben, so auch unten — so wie unten, so auch oben.'

5

Mit Gott sind alle Dinge möglich — aber das Kind Gottes muß in vollkommenem Einssein mit dem Vater leben. Es darf weder Furcht noch Zweifel geben, nur demütige Hingabe an den Großen Weißen Geist. Das ist der Weg, der sogenannte 'Wunder' möglich macht. Die Schwierigkeit ist nur die, daß der Kontakt zwischen Mensch und Gott so oft nicht aufrechterhalten wird. Mit eurem *Verstand* wißt ihr sehr wohl darum; ihr habt darüber viel gelesen, und doch ruht dieses Wissen nicht immer auch in eurem Herzen. Den Weg zu Gott zu gehen, bedeutet geduldiges Ausharren und vollkommene Hingabe. Wendet dieses Wissen, dieses göttliche Gesetz an, und setzt es in die Tat um. Auch alle Brüder des Großen Weißen Lichtes haben gelernt, das Eins-Sein mit dem Vater zu verwirklichen.

Werft alle Zweifel von euch; denn Zweifel zerstören den heiligen Tempel in eurem Herzen. Zweifelt niemals daran, daß es Bruderschaft gibt. Zweifelt nicht an Gottes Allmacht und Gottes ewigen Gesetzen. Das Fleisch ist oftmals schwach, doch wenn der Geist in euch siegt, wird auch der Körper mit Licht erfüllt und aufgeladen mit göttlicher Energie.

Möget ihr alle zutiefst die Bedeutung der Worte des Meisters erfahren: "Der Vater ist in mir, und ich bin in Ihm." Übt euch darin, euer Herz zu der göttlichen, ewigen Gegenwart zu erheben. Euer ganzes Dasein wird dann von Licht durchflutet werden. Je weiter ihr auf eurem geistigen Weg fortschreitet, je mehr werdet ihr lernen und verstehen, wie die Macht Gottes in euch alle Bedingungen und Verhältnisse eures Lebens von Grund auf umgestalten und erneuern kann. Tief im Inneren des Menschen liegt die Kraft, jedes Atom des Körpers zu verwandeln; und die physischen Atome sind zugleich auch geistige Atome. Diese winzigen Fünkchen göttlichen Lichtes bergen die Urkraft, die hinter allen sichtbaren Formen wirkt, sie belebt und gestaltet. Diese unzähligen Atome können verändert und erneuert werden durch die Macht und den Befehl Gottes. Das ganze Leben unterliegt dem Gebot Gottes und Seiner weisen Führung.

Der Sinn eurer Reinkarnation ist darin zu sehen, daß ihr den Glanz der geistigen Welten durch euch hindurch in euer tägliches Leben scheinen laßt. Alle eure Schwierigkeiten und Probleme sind uns wohl bekannt. Wir wissen, wie sehr euer physischer Körper euch gefangenhält. Durch ihn erleidet ihr Furcht und Schmerzen, Verwirrungen und Verunsicherungen im Bereich eures Verstandes und eures Geistes. Mit den Worten von Jesus möchten wir euch zurufen: "Steh' auf, nimm dein Bett (des Erdenlebens) und wandle!" Wandelt den Pfad des Lichtes! Sucht den wahren Quell eures

Seins, und ihr werdet siegen über alle Dunkelheit der Materie.

6

Warum fürchtet ihr eure täglichen Sorgen und Bedrängnisse? Nur derjenige, der nicht um Gottes Liebe weiß, bangt in seinem Leben — nicht aber ein Kind des Lichtes. Wenn ihr es zulaßt, dahingetrieben zu werden wie eine Rinderherde, erfüllt von Furcht und Angst, als eine verschüchterte, verunsicherte Seele, dann seid ihr nicht in der Lage, den Bedürfnissen eurer Mitmenschen zu dienen. Die einzige Möglichkeit, der Welt den Frieden zu bringen, besteht darin, daß jeder einzelne von euch in sich selbst ein Zentrum des Friedens bildet. Das ist das Geheimnis der Meisterschaft und der Herrschaft über das irdische Leben.

Deshalb verbindet euch täglich mit dem Fürsten des Friedens. Ihr könnt seine Gegenwart nicht spüren, wenn ihr euch im Zustand der Unruhe und Unrast befindet. So könnt ihr euch nicht mit ihm verbinden. Ihr müßt zuvor Frieden finden in euch selbst. Ihr könnt euch ihm nur nähern mit Ruhe, Demut und Liebe in eurem Herzen.

Er sagt: 'Niemand kann zwei Herren dienen ... ihr könnt nicht Gott und dem Mammon dienen.' Mit Mammon ist dabei nicht unbedingt weltlicher Besitz gemeint, vielmehr geht es um weltliche Gedanken, den Stolz des Intellektes, die Überheblichkeit des Verstandes. Jemand, der dem Mammon huldigt, vertraut auf seine eigene Kraft; er glaubt, er selbst sei der Größte.

Folgt Gott, folgt dem Guten, wählt den sanften, liebevollen Weg, bietet auch die andere Wange dar, laßt euch von Erkenntnis und Liebe leiten, und ihr werdet den besseren Weg gewählt haben, den Weg Gottes.

Geistige Überheblichkeit, Dünkel und Stolz dienen dem Mammon. Sie bringen Verderbnis und bergen den Samen künftiger Sorgen und Kümmernisse in sich.

Furcht ist eine Schwäche des niederen Selbst. Das niedere Selbst klammert sich fest an Begrenzungen und Mißerfolge, es zweifelt daran, daß die geistigen Kräfte die Welt schützen und retten können. Macht euch eine solche negative Denkungsart nicht zu eigen. Wisset, daß Gott All-Liebe ist, All-Weisheit. Seine Macht ist ohne Grenzen. Gott kann niemals fehlgehen. Nur der Mensch vermag unnötiges Leid über sich zu bringen; Gottes Werke aber sind wie die eines großen Arztes, der die Wunden der Menschheit heilt. Widersteht der Versuchung, auf die negative Seite zu schauen. Laßt beiseite, was ihr nicht verstehen könnt, aber versäumt nie, der Liebe Gottes zu vertrauen.

Und nun möge euch der Frieden der ewigen Stille umfangen — die Ruhe des Geistes euch beschützen und bewahren auf allen euren Wegen.

******

II.

DAS LOSUNGSWORT

1

Wir wissen um eure persönlichen Probleme. Wir kennen das Herz jedes einzelnen von euch und alle Kämpfe und Schwierigkeiten, mit denen ihr euch auseinandersetzen müßt. Die Steine, die eure Füße verletzen, während ihr den Pfad des Lebens geht, haben zuvor auch unseren Füßen Schmerzen bereitet. Als ihr begonnen habt, euch auf den geistigen Weg zu begeben, empfandet ihr unbeschreibliche Freude, unendliches Glück. Aber es kommen auch immer wieder Zeiten, in denen ihr Sorgen, Kummer und Enttäuschungen erfahren müßt. Das hängt zusammen mit den Gegensätzlichkeiten in eurer Natur: dem höheren und dem niederen Selbst, die oft genug in Widerstreit miteinander liegen.

Bevor ihr euren Fuß auf den geistigen Weg gesetzt habt, war euer Leben vielleicht nicht so schwierig, wie es jetzt zu sein scheint. Ihr spürtet noch nicht die Last der Verantwortung, den Drang des inneren Lichtes oder das, was manche Leute das 'Gewissen' nennen. Doch irgendwann einmal in eurem Leben habt ihr die Wahrheit eures Seins erkannt. Irgendwann ist euer höheres Selbst erwacht, und mit diesem Sachverhalt müßt ihr nun fertig werden. Eine zeitlang bleibt ihr wieder im Zustand des Glückes. Aber dann kommen erneut menschliche Probleme auf euch zu; die

Wunschnatur in euch erwacht und versucht, ihr Verhalten durch euch zu rechtfertigen. Schon taucht ein Konflikt auf, und euer innerer Friede ist dahin.

Ihr dürft euch dann keinesfalls entmutigen lassen, denn solche Erfahrungen sind nur 'gesund' für euch. Gerade dann seid ihr nämlich auf dem besten Weg, eine weit größere Freude zu finden, ein noch tieferes Glück, das keine Sinnesvergnügungen der Welt euch je gewähren könnten. Der Kampf hat sich also für euch gelohnt!

Wenn ihr euren Fuß erst auf den geistigen Weg gesetzt habt, dann schaut fest auf Gott und betet um Kraft und Hilfe, um die immer wieder an euch nagenden Versuchungen des niederen Selbst zu besiegen. Bei euren Versuchungen handelt es sich nicht nur um solche des Körpers, sondern auch um die des Verstandes und des Gemütes. Sie veranlassen euch, stolz, überheblich und mißmutig zu sein. Ihr solltet euch diesen Versuchungen unbedingt stellen und ihnen dann für immer entsagen.

Und dann, geliebte Brüder, erhebt euren Sinn schlicht und einfach zu der Gestalt unseres älteren Bruders, der strahlenden Gegenwart von Jesus, dem Christus. Wenn manche Menschen euch sagen sollten, daß es sich da nur um ein Ideal handele, das sich auf Erden unmöglich verwirklichen lasse, dann ist das nicht wahr. Denn im Laufe eurer geistigen Entwicklung wird die Zeit kommen, wo ihr durch einen physischen Körper und eine irdische Persönlichkeit die Eigenschaften des Sohnes Gottes wie ein Licht leuchten lassen werdet. Strebt deshalb immer danach, das Christuslicht in jedem eurer Gedanken, Worte und Taten erstrahlen zu lassen.

2

Eine der schwierigsten Lebensaufgaben, die ihr erlernen müßt, ist, geduldig zu werden. Ungeduld behindert viele Seelen immer wieder beim Fortschreiten auf ihrem geistigen Weg. In allen Mysterien-Schulen der Vergangenheit wurde gelehrt, wie unratsam es ist, allzu heftig und unbedacht voranzustürmen; denn wenn man in unnötigen Übereifer verfällt, kann man nur zu leicht verblendet werden. Deshalb sollten die Menschen geduldig und sorgsam mit Hammer und Meißel umgehen, um den rauhen Quader ihres Seins zu formen. Nur dann kann sich die Hoffnung erfüllen, durch lange, unermüdliche Arbeit endlich Vollkommenheit zu erlangen.

Lernt Geduld, und ihr werdet den tiefen Frieden finden, der allein euch Kraft verleihen kann.

Eine weitere Eigenschaft, die zur Vollendung der Seele führt, und über die wir sprechen möchten, ist die Liebe. Sicherlich werdet ihr jetzt fragen, warum wir die Liebe nicht an die erste Stelle gesetzt haben. — Nun, ist Geduld nicht die Voraussetzung dafür, zu lernen, was Liebe ist?

Wenn wir von Liebe sprechen, dann meinen wir damit nicht etwa Sentimentalität, Gefühl, Emotion ... Liebe hat ihren Ursprung im Geistigen; und nur mit wirklicher, wahrer Liebe werdet ihr fähig sein, den

Geist der Liebe in eures Bruders Herzen wahrzunehmen.

Wer liebt, wird andere nicht verurteilen. Er wird auch nicht den Verhaltensweisen anderer willkürlich Beweggründe unterstellen. Er weiß, daß nur Gott allein in das Herz des Bruders, in das Herz der Schwester schauen kann.

Es ist so einfach, jemand zu verurteilen. Einer solchen Versuchung solltet ihr immer widerstehen. Wenn ihr etwas wirklich nicht begreifen könnt, dann wisset, es wird die Zeit kommen, wo ihr die Gründe für bestimmte Dinge, die sich zugetragen haben, verstehen werdet.

Ohne Liebe muß sich jede Macht auf Erden am Ende selber vernichten. Das heftige Feuer der Macht, das sich ständig nach noch mehr Macht verzehrt, zerstört die Seele, während die sanfte Flamme der Liebe Leben spendet und Leben erhält. Es genügt nicht zu sagen: "Ich liebe." Liebe muß eure ureigenste und unmittelbare Verhaltensweise jeder Seele gegenüber sein, der ihr auf eurem Lebensweg begegnet. Vergeßt nicht, daß euer Bruder genauso ernsthaft wie ihr nach dem Lichte Gottes strebt; und versucht, diese Tatsache, diesen Gedanken, in euer tägliches Leben einzubeziehen. Versäumt es deshalb nie, euch liebevoll im Umgang mit euren Mitmenschen zu verhalten.

3

Auf dem geistigen Weg gibt es vieles, was zunächst widersprüchlich zu sein scheint. So werdet ihr zum

Beispiel zunächst dazu angehalten, sehr zurückhaltend mit dem Wort umzugehen und erst nachzudenken, bevor ihr sprecht oder handelt. Wenn ihr hingegen auf dem geistigen Weg schon weiter fortgeschritten seid, werdet ihr gebeten zu lernen, spontan zu handeln, sowie weise und geistesgegenwärtig dem Gebot des Augenblicks zu entsprechen. Zum jetzigen Zeitpunkt eures Lebens befindet ihr euch in dem Stadium eurer Entwicklung, wo ihr äußerst bedacht mit allem, was ihr aussprecht, umgehen solltet. Wieviel lernt der Weise durch Stille und Schweigsamkeit. Wie weise ist der, welcher zu unterscheiden gelernt hat zwischen dem, was ausgesprochen und jenem, was besser ungesagt bleiben sollte! Weisheit besitzt auch der, welcher lauschen und zuhören kann und zugleich den geistigen Gehalt, der hinter den Worten liegt, zu verstehen vermag. Kennt ihr die Geschichte von der weisen, alten Eule? Sie saß auf einem Baum, blickte um sich, nahm alles still in sich auf und schwieg. — Lernt es, weise zu sein, still und ruhig zu sein, zu hören und zu schweigen.

Ihr trachtet danach, den Stimmen der geistigen Welten zu lauschen, den Worten der Liebe, die ihr von den geliebten Wesen jenseits des Vorhangs vernehmen könnt, den Worten eures geistigen Führers, eures geistigen Lehrers und später auch der Stimme eures Meisters. So solltet ihr auch zunächst einmal lernen, den Menschen dieser Erde zuzuhören und eure ungeteilte Aufmerksamkeit jedem zuzuwenden, der zu euch spricht. Lauscht auch dem Gesang der Vögel, den Stimmen der Tiere, dem Lied des Windes in den Zweigen, dem sanften Geräusch fallender Regentropfen und dem Rauschen des Flusses. Das ist es, was den alten Indianern von Kindheit an gelehrt wurde; und das ist auch der Grund, warum diese so geübt waren, nicht nur die Geräusche der physischen Welt zu hören, sondern auch wahrzunehmen, was sich *hinter* diesen Geräuschen verbirgt, als Ausdrucksform der unsichtbaren Welten. Sie waren in der Lage, die einzelnen Stimmen ihrer geistigen Führer und Lehrer zu unterscheiden, und sie verstanden das Raunen der Naturgeister. — Wie schwierig ist es da für euch, die ihr im Lärm moderner Städte wohnen müßt, etwas von all diesem in euch aufzunehmen. Aber dennoch solltet ihr euch darin üben: zu hören, zu lauschen und zu verstehen.

4

Es entspricht einem ganz natürlichen menschlichen Empfinden, über offenkundiges Unrecht, das man erleben muß, entrüstet zu sein. Im frühen Stadium der Entfaltung der Liebe in eurem Herzen regt sich in euch dann unwillkürlich der Wunsch, den Schwachen zu beschützen, Unrecht wiedergutzumachen. Das ist sehr verständlich. Doch laßt uns hier innehalten, meine lieben Brüder, und der Worte der Bibel gedenken: 'Widerstehe dem Bösen nicht, sondern überwinde es durch das Gute'.

Das bedeutet nicht, daß ihr das Böse, das Übel nicht beachten sollt. Es heißt vielmehr, daß ihr euer Herz, euer Leben und eure ganze Umgebung so mit dem Guten anfüllen sollt, mit Liebe und mit Licht, daß das

Übel, das Böse vom Licht durchdrungen und dadurch aufgehoben wird.

Der richtige Weg, die Dunkelheit zu überwinden, ist, das Licht in sie hineinscheinen zu lassen. Das Übel zu beseitigen, bedeutet für jede Seele, die des Lichtes bewußt geworden ist, dieses Licht in ihrem eigenen Leben leuchten und wirken zu lassen und danach zu streben, die Wahrheit, die sie selbst empfangen hat, auf sanfte, behutsame Weise weiterzureichen. Wenn es genug Brüder und Schwestern in der Welt gäbe, die sich in Gruppen zusammenschließen und zusammen arbeiten würden, um das Licht in die Erdenwelt hinauszusenden, dann bestände kein Grund für Abwehr und Widerstand unter den Menschen. Das Licht würde in alle Herzen dringen und anstelle des Übels und der Dunkelheit würden Licht und Güte in der Welt herrschen. Nur auf eine solche Art kann das Böse wirklich besiegt werden.

Rein persönlich sei euch gesagt, daß, wenn ihr euch an rauhen Ecken und Kanten — entweder an euren eigenen oder denen anderer Leute — reiben müßt, dann gebt euch Mühe, diese rauhen Ecken und Kanten zu mildern, indem ihr die Liebe und die guten Gedanken der Weißen Brüder aussendet. Kümmert euch nicht um das Unrecht in der Welt, an dem sich so viele Menschen immer wieder stoßen. Wieviele haben schon zu mir gesagt: "White Eagle, es ist wirklich so ungerecht, was ich zu erdulden habe. Ich kann es kaum ertragen, denn es ist ja solch ein Unrecht!" Meine lieben Kinder: Gott ist gerecht, und ihr könnt ganz unbesorgt und ruhig sein, vollkommen vertrauend, daß Gott Seine Gerechtigkeit bis in die letzte, winzigste

Einzelheit hinein verwirklichen wird. Aber ihr könnt Gottes Gerechtigkeit selbstverständlich nicht fordern oder gar ertrotzen; das ist unmöglich! Ihr könnt aber dem Leiden, der scheinbaren Ungerechtigkeit, die euch auferlegt wurde, entgehen, indem ihr — wie ein Weißer Bruder — dem göttlichen Gesetz gehorcht und dem Licht nachfolgt. Denjenigen, der das Unrecht, das euch geschah, heraufbeschworen hat, könnt ihr hingegen getrost der liebenden Weisheit Gottes überlassen; und wenn ihr Gott kennt, dann werdet ihr auch wissen, daß sich unbedingte Gerechtigkeit zur rechten Zeit vollziehen wird.

Wir versichern euch mit aller Liebe unseres Herzens, daß der einzige Weg, der zum Ziel der Menschheit führt, der Weg der Liebe ist. Laßt los von den Kleinlichkeiten des Alltags, laßt sie dahingehen, rückt sie in die ihnen angemessene Perspektive. Die kleinen Dinge können sich zu Riesenbergen auswachsen, aber sie können auch leicht wieder auf ihr richtiges Maß zurückgebracht werden, wenn ihr sie gar nicht so beachtet und euch daran gewöhnt, nur die wirklich großen Dinge, die wesentlichen Dinge wichtig zu nehmen. Seid großzügig in den kleinen Dingen, die ja gar nicht so sehr ins Gewicht fallen, die ja gar nicht so sehr zählen. Bleibt aber umso standhafter, wenn es um Grundsätzliches geht. Dann erweist euch stark wie ein Fels im Meer.

5

Geistiges Gesetz bestimmt, daß jeder Mensch zahlen muß und bezahlt wird für jeden Dienst, den er geleistet hat. In den alten Mysterien-Schulen, in den Schulen der Bruderschaft, gab es ein geflügeltes Wort, daß jeder Bruder in den Tempel gehen müsse, um den gerechten Lohn für seine geleistete Arbeit zu empfangen. Auch auf diese Weise kann das Gesetz von Ursache und Wirkung erklärt werden.

Es ist kein Anlaß für euch gegeben, etwas zu bedauern oder etwa wie folgt nachzugrübeln: "Hätte ich besser dieses oder lieber jenes tun sollen?" oder: "Habe ich da vielleicht einen Fehler gemacht?" Den einzigen wirklichen Fehler, den ihr begehen könnt, ist der, wenn ihr nicht in der richtigen Weise auf die Forderung der 'Bezahlung' reagiert, die das Gesetz des Karma euch zugedacht hat. Deshalb empört euch nicht über Vorkommnisse, die ihr manchmal als hart und ungerecht empfindet. Grollt nicht über solche Ereignisse oder über Menschen, die euch anscheinend schlecht behandelt und sich nicht so verhalten haben, wie ihr es von ihnen hättet erwarten können. Denkt stets daran, daß die gesamte Menschheit dem sorgfältig arbeitenden Gesetz des Karma unterliegt. So wie ihr euch anläßlich einer bestimmten Gelegenheit anderen gegenüber verhalten habt — sei es in der Vergangenheit oder in der Gegenwart — genauso wird auch euch vergolten werden: nicht unbedingt von derselben Person, aber in genau der gleichen Münze.

Was immer ihr gegeben habt, das werdet auch ihr immer erhalten — ob es nun Gutes oder Böses war. Dem Gesetz des Karma könnt ihr niemals entrinnen. Alles, was ihr in Liebe gebt, im Dienst an dem Nächsten, alles, was ihr sogar in materieller Hinsicht tut, wird euch zu gegebener Zeit zurückgezahlt werden.

Bedauert niemals die Ereignisse eures Lebens, meine Lieben, in denen ihr fühlt, Unrecht getan zu haben. Grübelt nicht darüber nach, ob eine eurer Handlungen unweise war. In jedem Fall habt ihr etwas daraus gelernt oder hättet daraus lernen können. Allein das ist das Entscheidende, daß ihr auf Erden seid um zu *lernen*, und lernen könnt ihr nun einmal nur aus Erfahrung.

Zweifelt nicht daran, daß euch allen dereinst eine goldene Ernte beschieden wird. Obgleich euch die 'Begleichung', die zu einer bestimmten Zeit von euch verlangt wird, oft unverhältnismäßig hoch erscheint — solltet ihr sie in der rechten Einstellung annehmen, als eine Lektion, die euch erteilt wurde, um daraus zu lernen. Wenn ihr euch so verhaltet, wird etwas in eurem Inneren verändert werden, das euch geistig weiterführen wird.

Es wird euch einen oder mehrere Schritte vorwärts bringen, näher zur vollkommenen Glückseligkeit, zur letztendlichen Vollendung. "Kein Auge hat je gesehen, kein Ohr je gehört, noch ist in das Herz der Menschen gedrungen, was Gott bereit hält für alle, die Ihn lieben."

6

Denkt immer in den Zeit- und Raumverhältnissen des ewigen Lichtes. Wenn die Gegebenheiten eures Lebens nicht immer einfach sind, so übergebt sie in Demut dem göttlichen Licht. Sobald der Mensch sich diesem Lichte überantwortet, erwacht aller guter Wille in ihm und bestimmt sein ganzes Leben. Er wird dann auf immer den Begrenzungen des physischen Lebens enthoben sein.

Weit oben, hoch auf den Gipfeln der Berge, herrschen Ruhe und Frieden, welche Kraft, Weisheit und Liebe des menschlichen Lebens ausmachen; und in der Tiefe eures Herzens ruhen die gleiche Stille und der gleiche Frieden, welche Macht, Weisheit und Liebe eures gesamten Lebens darstellen. Unterlaßt es nicht, euch diesem inneren Licht immer wieder zuzuwenden, um daraus Beistand, Führung und Hilfe zu gewinnen.

In diesem inneren Licht werdet ihr die Nähe der Brüder spüren, die hinter der Bühne des äußeren Lebens wirken und das Licht des Sternes in Liebe aussenden für die leidende Menschheit. Sie, diese Brüder, haben alle Zweifel überwunden; sie blicken nicht mehr auf die dunkle Seite des Daseins, denn sie sind Brüder, und sie leben im Licht, arbeiten mit dem Licht, *sind* Licht. Folgt ihrem Beispiel, ihren Lehren. Laßt keine Gedanken oder gar Worte der Furcht und des Zweifels aufkommen. Haltet euch auch nicht vor, versagt zu haben. Denkt, sprecht und handelt im Licht und mit dem Licht, im vollen Vertrauen, daß die Neue Welt aufgebaut wird nach dem Großen Plan, — so lange, wie alle Helfenden treu und wahrhaftig mit am Werke tätig sind.

Jeder Weiße Bruder weiß, daß alles auf Erden zum Guten hinwirkt, und das Licht überall die Dunkelheit durchdringt und besiegt.

******

III.

IHR SEID IN GOTT – UND GOTT IST VOLLKOMMEN

1

Die Bruderschaft des Weißen Lichtes ist innig bemüht um die Weiterentwicklung der Menschheit, ihr Glück und ihr Wohlergehen. Wir sind durch viele Inkarnationen hindurchgegangen und können uns durchaus in alle menschlichen Erfahrungen hineinversetzen. Wir sind daher in der Lage, mit euch zu fühlen. Wir verstehen eure Enttäuschungen, eure Begrenzungen, eure Ängste und Befürchtungen. Wir empfinden mit euch eure körperlichen Schmerzen und seelischen Leiden. Wir nehmen Teil an euch; wir sind einer von euch; wir sind eins mit euch.

Und wir lieben euch. Deshalb beseitigen wir auch nicht eure Probleme, denn das wäre weder hilfreich noch gut für euch. Wir können nur an eurer Seite stehen und euch Kraft und Liebe geben, während ihr langsam durch Versuchungen und Irrtümer lernen müßt. Als Lohn nach all diesen Kämpfen und Mühen – wenn ihr den Weg des Lichtes geht und offen seid für die Botschaft des Geistes – werdet ihr in eurer Seele so tiefe Freude empfinden, wie ihr sie nie hättet erleben können, wenn wir euch eure Probleme und Schwierigkeiten aus dem Weg geräumt hätten.

Jedesmal, wenn ihr den richtigen Weg erkennt und ihm folgt, jedesmal, wenn es euch gelingt, die innersten Geheimnisse des Lebens zu berühren, nimmt das Licht in eurem Herzen, eurer Seele zu und läßt euch euer Leben neu und hoffnungsvoll erscheinen. Ihr seht dann nicht nur mit den physischen, sondern auch mit den geistigen Augen ein weit ausgebreitetes, sonniges Landschaftsbild von so blendender Schönheit vor euch, wie ihr es zuvor nie habt erschauen können, und euer Herz beginnt zu tanzen und zu singen.

2

Folgt eurer Intuition, folgt immer der Eingebung eures Herzens, und laßt sie über euren äußeren Verstand herrschen. Möge euer höherer Verstand über euer niederes Selbst siegen. Laßt ihn euer Leben regieren und alle Ereignisse eures Lebens bestimmen. Das bedeutet keineswegs, daß ihr damit etwa 'außerhalb der Welt' lebt. Das ist nicht der Fall. Denn immer, wenn ihr aus dem Geist eures Herzens denkt und handelt, dann seid ihr mit Gott, der die Macht besitzt, euer Leben auf die vollkommenste Weise zu ordnen. Auch wenn ihr Ihm euer Herz in kindlicher Einfalt öffnet und Ihn fragt, zu Ihm betet, Ihn bittet, werdet ihr stets die Weisheit, die euch fehlt, geschenkt bekommen. Aber fragt nicht in der unrichtigen Weise, sondern setzt die ganze Kraft eures Vertrauens auf Ihn, in der vollen Überzeugung, daß Gott, der All-Liebe und Weisheit ist, eure tiefsten Bedürfnisse erkennt und zu eurem wahren Wohl erfüllen wird.

Die Art, in der ihr beten solltet, ist die, sich in den Zustand des vollkommenen Einsseins mit dem kosmischen Geist der Liebe zu begeben. Ruht in diesem Geist der Liebe, lebt, denkt in ihm und nicht an euch selbst und eure irdischen Belange. Ihr allein seid gar nichts. Ihr besitzt weder dauernde Macht, noch andauernde Weisheit oder Liebe. Aber wenn eure Seele im Zentrum des Sterns und seinem himmlischen Licht Ruhe gefunden hat, dann erlangt ihr wahre Größe, denn ihr seid dann bewußt mit Gott verbunden, und Gott ist mit euch, und alle Dinge müssen dann zum Guten für euch zusammenwirken.

3

Schaut nicht hinter euch. Bedauert nicht eure Fehler, sondern seid dankbar für jede Erfahrung, wie schmerzlich sie auch gewesen sein mag, denn sie hat euch dazu verholfen, besser verstehen zu können.

Sammelt eure Gedanken und Vorstellungen über der Ebene der Geschehnisse des materiellen Lebens. Wir gebrauchen hier das Wort 'materiell', obgleich wir wissen, daß Geist und Materie im Grunde genommen eins sind. Aber *ihr* versteht das vielleicht jetzt noch nicht ganz. — Der Mensch muß sein Leben erst im *vollen Bewußtsein*, daß alles letztlich Geist ist, führen lernen. Der Mensch ist Geist in einer körperlichen Form; und auch diese Form ist aus Geist gebildet. Das heißt, daß die äußere Form des Menschen eine Verwirklichung des Geistes ist, der in ihm lebt. Sie bringt zum Ausdruck, wie weit das reine, vollkommene Licht und Leben des Schöpfers sich in seinem Leben, in seinem physischen Leib offenbaren kann.

Wir hoffen, daß ihr über unsere Worte nachdenken werdet, denn all eure zukünftigen Werke, das Glück des einzelnen sowie der gesamten Menschheit, werden sich auf diese grundsätzliche Wahrheit gründen.

Wenn ihr dazu in der Lage seid — indem ihr euch darin übt — dann legt die Dinge von geringerer Wichtigkeit beiseite und widmet euch den größeren Angelegenheiten des Geistes. Ihr werdet damit die notwendige Hilfe und Führung erlangen, die ihr benötigt. Verstrickt euch nicht so sehr in die Einzelheiten des materiellen Lebens, damit ihr euch dadurch nicht selbst abtrennt von den Quellen, die eure Lebenskräfte speisen.

Die Zeit, die ihr mit guten Gedanken verbringt, kann niemals verschwendet sein. Zu jeder Zeit, wo ihr der Versuchung, zu eurem niederen Selbst Zuflucht zu nehmen und die Gedanken auf die materielle Welt zu richten, widersteht und euch stattdessen dem Licht eures höheren Selbst öffnet, werdet ihr kraftvoller werden im Geist und mehr als das: die Macht des Lichtes auf Erden stärken.

4

Wir geben euch immer eine Antwort, wenn ihr uns von der inneren Seinsebene aus anruft, nur seid ihr oft nicht in der Lage, uns zu hören. Dann fehlt es euch an Vertrauen, oder es gelingt euch nicht, die Ängste und Zweifel eures irdischen Lebens hinter euch zu lassen. Ihr *wollt* zwar glauben und vertrauen, aber es mangelt euch oft an der nötigen Kraft dazu. Ihr verhaltet euch wie junge Pflanzen, die noch in der dunklen Erde keimen und darum kämpfen, ihre ersten grünen Schößlinge ans Licht des Tages wachsen zu lassen. Dieser Vorgang des Wachsens entspricht euren Auseinandersetzungen mit den Schwierigkeiten des Alltags, und es gehört viel Ausdauer und Kraft des Geistes dazu, diesen ständigen Kampf immer wieder erfolgreich zu bestehen.

Seid nicht entsetzt oder verstört über all das Dunkle, das die Menschheit umgibt, und dessen Zeuge ihr immer wieder sein müßt. Besser ist es, wenn ihr stattdessen ein echtes Mitgefühl entwickelt für alles, was lebt und Leben ist. Nicht eine überhebliche Art von Mitleid ist gemeint, sondern ein einfaches, sanftes, liebevolles und verstehendes Mitgefühl. Das ist gar nicht so einfach; wir wissen das sehr wohl. Aber ihr müßt es immer wieder versuchen, immer wieder daran arbeiten. Bringt euer höheres Leben in eurem Dasein zum Ausdruck. Versucht, jeden Morgen, bevor ihr euer Tagewerk beginnt, dieses sanfte, warme Mitgefühl in euch wachzurufen, wenn es euch auch nur für einige Augenblicke gelingt. Haltet ein in euren äußeren Tätigkeiten und bittet in der Stille eures Herzens zu Gott um Seine Gnade und Seine Liebe. Sendet eure Gedanken zu jenen, die in den geistigen Welten wohnen, zu beiden: den ehemals menschlichen Wesen und den Engelwesen, die über euch wachen und euch helfen. Laßt das geistige Leben in euch lebendig werden, in euch weben und wirken, so daß es sich immer mehr in euch entfalten kann. Möge es euch zur Gewohnheit werden, wenigstens einige Minuten morgens und abends, bevor ihr euch schlafen legt, die Gegenwart Gottes zu spüren, und laßt euch nicht — wir bitten euch so sehr darum — überwältigen von all der Gleichgültigkeit und Dunkelheit, die euch täglich umgibt. Es tut nicht gut, die Gedanken auf das Dunkle zu richten. Schaut zum Licht empor und betet darum, größere, offenere, hellere Gefäße des Lichtes zu werden. Wehrt euch gegen die Einflüsterungen des niederen Selbst, wenn es euch überreden will, dem Gefühl der Verzagtheit und Mutlosigkeit nachzugeben. Gott ist All-Güte, All-Gutes, Liebe und Weisheit, und alle Dinge wirken sich zum Guten für den aus, der Gott liebt. Seid nicht verzweifelt, laßt euch nicht von der negativen Seite des Lebens unterkriegen; denn dadurch werdet ihr nicht dem Guten dienen. Setzt immer die positiven Kräfte ein. *Glaubt daran,* daß das Gute siegen und das Beste sich ereignen wird: und es wird so und nicht anders kommen.

Wir sprechen zu euch nicht in einer lauten Sprache, wenn wir euch von der Welt des Geistigen berichten. Es ist besser, die erhabenen Wahrheiten nicht von den Hügeln herab in die Welt zu schreien. Deshalb bescheiden wir uns damit, immer nur nahe bei euch zu sein, so wie ihr nahe bei uns seid. — Eure Herzen sind erfüllt von Liebe; wir wissen es; und wir danken euch für jeden Gedanken, den ihr im Sinne Gottes aussendet und wirken laßt. Ihr wißt gar nicht, wieviel ihr vollbringen könnt, mit jedem guten und freundlichen Gedanken, mit jedem demutsvollen und aufrichtigen Dienst an Gott und euren Mitmenschen.

5

Wichtig ist es, daß ihr Kraft und Standhaftigkeit entwickelt. Dazu gehört, leidenschaftslos zu werden und eure Gedanken nach außen auf das Wohl der Menschen zu richten, anstatt nach innen und über eure kleinen Schmerzen, Fehler und Mißerfolge nachzubrüten. Viele Menschen verschwenden viel Zeit dadurch, daß sie zu sehr auf sich selbst bezogen sind. Sie grübeln darüber nach, ob dieses richtig, jenes vielleicht falsch war, und auf diese Weise sind sie ängstlich und eifrig darauf bedacht, möglichst schnelle Fortschritte zu erzielen. Eine solche Verhaltensweise bekundet aber nur Schwäche, die überwunden werden sollte. Es fallen einige Fehler, einige Unvollkommenheiten nicht so sehr ins Gewicht. Es ist das, was ihr *denkt*, was ihr zum Wohl der Menschheit beitragt an Liebe, Mitgefühl und Großherzigkeit, was zählt und was das wirklich Wesentliche ausmacht.

Ihr liebt die geistigen Welten und eure geistigen Freunde; aber ihr würdet noch weit glücklicher sein, wenn ihr euch darüber klar wäret, wieviel Glück ihr euren Freunden in den geistigen Welten dadurch bereiten könnt, indem ihr *recht und richtig denkt*, nicht nur hinsichtlich eurer eigenen kleinen Schwierigkeiten auf dem geistigen Weg, sondern vor allem auch bezüglich anderer Menschen und deren Probleme. Wir wissen, daß es einigen von euch schwer fällt, sich so zu verhalten, aber mit der Zeit wird es immer leichter werden und schließlich ein ganz selbstverständlicher Bestandteil eures Lebens sein.

Möge das Licht in eurem Herzen im Laufe eurer

Lebensjahre immer strahlender und heller erscheinen. Möge es euer inniges und ernstes Anliegen werden, das Licht in euch nicht nur trübe dahinglimmen, sondern weithin leuchten zu lassen.

6

Ihr mögt euch darüber wundern, warum es euch hin und wieder fast unmöglich erscheint, die Nähe der geistigen Wesen zu empfinden, während ihr zu anderen Zeiten ihrer Gegenwart so sicher seid.

Wie kommt es, daß ihr euch manchmal so unausgefüllt und belastet fühlt, während ihr ein anderes Mal eine solche Freiheit verspürt, wie auf dem Gipfel eines Berges, umweht von frischer, reiner Luft? In diesem heiteren und gelösten Zustand ist es euch möglich, ganz deutlich die Gegenwärtigkeit der geistigen Welten wahrzunehmen. Ihr spürt dann euren geistigen Führer und Lehrer an eurer Seite, und alles erscheint euch leicht und mühelos und in allerbester Ordnung zu sein.

Die Schwere und Beschränktheit, die euch immer wieder umklammert, entsteht aus dem seelischen Nebel, der euch in solchen Augenblicken umgibt, und den das Licht der geistigen Sonne nicht zu durchdringen vermag. In solchen Zeiten schöpft eure ganze Kraft aus dem Bewußtsein, daß die Sonne *da ist*, immer scheint, und sich eure Helfer stets in eurer unmittelbaren Nähe befinden. Dieses Wissen ist von großer Bedeutung und wichtigem Einfluß auf eure seelische und geistige Entwicklung, denn sehr viel hängt ab von eurem inneren Gleichgewicht, der Harmonie eurer Seele und der Festigkeit eures Charakters. Ihr müßt euch darin üben, wie ein Spiegel zu sein, der nicht Verwirrung widerspiegelt, sondern der ständig und zuverlässig die Wirklichkeit und Wahrheit des geistigen Lebens zurückstrahlt.

Es gibt sowohl Zeiten des Schaffens als auch Zeiten der Muße. Es ist gut zu wissen, wann einmal eine Pause notwendig ist und unterscheiden zu lernen, zwischen Entspannung und Erholung auf der einen und einem Absinken von Mut und Hoffnung auf der anderen Seite. Menschen können vollkommen zusammenbrechen, ihr inneres Gleichgewicht gänzlich verlieren und in solchen Lebenslagen viele Dinge sagen, die sie in Wirklichkeit gar nicht meinen. Während ihr entspannt seid und euch erholt, sollte euer Geist immer die Oberhand behalten. Seid auf der Hut, daß die Herrschaft eures Geistes nicht durch Furcht oder Niedergeschlagenheit verloren geht, denn das bedeutet, daß der tapfere Kapitän sein Schiff verläßt.

Gebt eurem höheren Selbst das folgende Gelöbnis: "Ich will der Kapitän meines Schiffes bleiben!" Denn das zu sein heißt, dem Pfad der geistigen Entwicklung zu folgen.

Meditiert oft in der geistigen Gegenwärtigkeit eures Meisters. Ihr könnt gar nicht an seine leuchtende Persönlichkeit denken, ohne nicht auch eine Veränderung in eurem Seelenleib zu verspüren. Wenn ihr euch ihm während der Meditation verbindet und ihm nahe seid, dann wird euer ganzes Sein teilhaben an seiner Strahlung, an seiner Strahlkraft.

7

Diejenigen, welche Frieden in das Leben anderer tragen möchten, die Kümmernisse in fremden Herzen besänftigen oder mit behutsamen, weisen Worten 'Teufel vertreiben' wollen, müssen zuerst lernen, ihr eigenes Selbst zu beherrschen.

Jesus wußte, daß er nicht den unsichtbaren Kräften befehlen konnte, bevor er nicht die eigenen inneren Kräfte fest in seine Gewalt gebracht hatte. Jene, die die Geheimnisse des Universums durchdringen und die Fülle und Vielschichtigkeit der menschlichen Beziehungen verstehen möchten, sollten, bevor sie Recht oder Unrecht der einen oder anderen Person beurteilen, erst einmal in sich selbst hineinschauen; sie müßten erst einmal ihr eigenes Haus in Ordnung bringen.

Es ist euch gelehrt worden, daß, wenn ihr die rechten Gedanken hegt, ihr zu einem Brennpunkt für die Kräfte des Guten werdet, die dann euer Leben bestimmen werden. Doch noch mehr als das: Ihr werdet auch die großen Mysterien verstehen lernen, wenn ihr den einfachen Lehren des Meisters Folge leistet.

Wenn ihr euch in Liebe Gott anvertraut, wird Er Seine Kraft durch euch wirken lassen, und nichts kann mehr in eurem Leben fehlgehen. Wahre Liebe irrt nicht. Liebe kennt nichts Böses noch Ungerechtigkeit. Liebe ist weder schwach noch stolz und hochmütig — Liebe gibt und Liebe bescheidet sich, Liebe ist selbstlos.

Diejenigen unter euch, welche die Gabe des Hellsehens entfalten möchten, sollten oft den inneren Tempel ihres Herzens aufsuchen. Schwingt euch ein in den

Geist der himmlischen Welten, und das, was sich euch enthüllt, wird dann nicht nur Einbildung und ein Produkt leerer Phantasie sein, sondern es wird sich euch die Wahrheit zeigen. Mediale Fähigkeiten mögen ihren eigenen Stellenwert haben, aber haltet euch dabei stets vor Augen, daß sie ihre Gültigkeit nur in den Bereichen besitzen, welche das irdische Leben unmittelbar umgeben. Spirituelle, geistige Kräfte hingegen unterliegen keinerlei Begrenzungen. Mit rein medialen Kräften bleibt ihr immer in Abhängigkeit einer bestimmten Gesamtverfassung des menschlichen Körpers und des menschlichen Lebens, während ihr mit der Entfaltung eurer geistigen Gaben die Kräfte entwickelt, welche auch die unsichtbaren Gefilde durchdringen und grenzenlos sind. Jeder von euch verfügt über verborgene geistige Fähigkeiten, und wenn es euch dazu drängt, von den Wassern des Geistes zu trinken, werden sich auch eure spirituellen Gaben entfalten, wie die Blüte einer Seerose im Licht der Sonne.

Oftmals werdet ihr schon von der Seerose als Symbol geistiger Entfaltung gehört haben. Die Seerose, die Lotosblüte, die auf der stillen Wasseroberfläche ruht, ist ein uraltes Sinnbild für die Entwicklung geistiger Gaben. Wenn ihr eure geistigen Fähigkeiten entfalten wollt, dann verschließt eure Augen und Ohren vor dem Weltlichen, das euch umgibt, und laßt vor eurem inneren Auge die Vision, das geistige Bild eines vollendet schönen Gartens erstehen. Schreitet durch das weit geöffnete Tor in das Innere des blühenden Gartens bis zu einem kleinen stillen See. Schaut auf das ungetrübte, reine Wasser, das kristallklar vor euch liegt. Beugt euch hernieder, und erkennt euer eigenes wirkliches

Bild im schimmernden Spiegel des Wassers, denn die Wasser des Geistes geben die Wahrheit wider. Auf der hellen, unbewegten Wasserfläche ruht die Blüte einer Seerose von reinstem Weiß. Ihr Kelch erstrahlt in goldenem Licht. Weiß und Gold: Symbole der Reinheit und göttlichen Weisheit. Versenkt euren Geist in die vollkommene Schönheit dieser Seerose und verweilt in der Ruhe und dem Frieden, der euch zuteil wird.

******

Erschaut und erkennt nun um euch eine wolkenhafte Aura von unsichtbaren geistigen Wesen, die mit euch sind. Seht die strahlenden Formen, die euch umgeben. Seht die Formen der Engel, und spürt die Nähe der von euch Geliebten, denen ihr persönlich verbunden seid, und die nun in der Welt des Lichtes leben. Sie sind so nahe, daß sie eins werden mit euch. In Gottes Universum gibt es keine Trennung durch Zeit und Raum. Ihr seid in Gott, und Gott ist in euch. Euer geistiger Führer ist in euch, ist ein Teil von euch, und ihr seid ein Teil von ihm. — Es gibt keine Trennung. Alle sind Geschöpfe und Kinder Gottes, und in Gott seid ihr im All-eins-Sein. Ihr seid in Gott, und Gott ist vollkommen. —

Oh kommt, ihr Menschenkinder, kommt zu den Wassern des lebendigen Geistes. Laßt alles Mißgeschick, alle Not, alles Elend von euch gleiten und wisset um die Wahrheit, daß ihr in Gott seid, und daß Er alle Probleme lösen und all euer Leid beenden wird.

Gott segne euch alle!

******

IV.

TRACHTET ZUERST NACH DEM KÖNIGREICH GOTTES

1

Ihr alle habt eure eigenen Sorgen und Schwierigkeiten, eure ganz persönlichen Ängste. Wir können sie nicht von euch fortnehmen, doch können wir euch helfen, euch selbst zu helfen; wir können euch helfen, euch über die Dunkelheit und Schwere des äußeren Lebens zu erheben.

Ein jeder von euch ist bestrebt, das Ziel der Vollkommenheit seiner Seele zu erreichen, wodurch Liebe und Freude in euer Herz einkehren und euch an Leib und Seele gesunden lassen.

Wir wissen sehr wohl, wie schwer es euch fällt, daran zu glauben, daß Krankheit, Einsamkeit, Leid und Trübsal im Grunde genommen dem Wunsch eurer eigenen Seele entsprechen. Doch ist das in Wahrheit so. Macht deshalb andere Menschen niemals für eure eigenen Schwierigkeiten verantwortlich. Schaut stattdessen lieber in euch selbst hinein und empfindet die göttliche Liebe in eurem Herzen. Dann wird euch auch klar werden, welche Ursachen die Schwierigkeiten und Widerstände haben, die euch bedrängen, und ihr werdet erkennen, wo und wie ihr an euch selbst arbeiten könnt, um sie zu überwinden. Der Mensch kann innerlich nur dann weiterkommen, wenn er sich der Anstrengung unterzieht, die Probleme, die ihn belasten, beiseite zu schieben und sich zur Ebene der himmlischen Welten emporzuheben.

Wenn ihr von einer geliebten Person getrennt seid, dann denkt daran, daß Liebe auch jenseits des physischen Lebens besteht, und ihr allen von euch geliebten Menschen in der Meditation begegnen könnt. Es ist gar nicht möglich, von jemandem getrennt zu sein, bevor ihr nicht selbst sozusagen seelisch die Rolläden vor ihm heruntergelassen habt. Erhebt euch in Gedanken und im Gebet in den geistigen Zustand, der befreit ist von irdischen Banden, und findet darin vollkommene Vereinigung und wahrhaftes Glück.

Bleibt guten Mutes, und vergeßt niemals, daß euer Schutzengel und euer geistiger Führer immer bei euch sind und euch helfen, den Frieden und die Vereinigung mit den höheren Welten zu erreichen. Ihr bereitet eurem geistigen Führer und Helfer große Freude, wenn ihr die Mühe und Anstrengung nicht scheut, euch im Geist emporzuheben.

Bereitet euch keine Sorgen und fürchtet euch vor nichts auf der Welt. Es kann euch kein Unheil geschehen, wenn ihr euch der Liebe Gottes anvertraut.

Sich aufzuregen und zu grämen ist töricht, denn all eure Probleme werden sich letzten Endes lösen. Warum wandert ihr da nicht Hand in Hand mit eurem Schutzengel, eurem geistigen Führer in dem Wissen, daß sich alles zur rechten Zeit erfüllen wird – nach Gottes weisem Plan – und auch im allerhärtesten menschlichen Karma Gottes Gnade und Liebe waltet. Glaubt fest und unerschütterlich an die Liebe Gottes, die euch überall umgibt.

2

In den Gefilden des Geistes gibt es keine Begrenzungen durch Zeit und Raum. Wenn ihr an das Sonnensystem denkt oder an die Brüder auf der Venus und auf anderen Planeten, dann denkt ihr in Begriffen von großer Ausdehnung und Entfernung. Ihr denkt an etwas, was weit, weit weg ist — doch ist das gar nicht so. Die Bewohner dieser Planeten sind weiter entwickelt als die Menschheit auf unserer Erde es zu dieser Zeit ist, und sie sind nicht begrenzt durch Entfernungen, wie das bei euch zutrifft.

Auf der anderen Seite: Wenn ihr eines Freundes gedenkt, welcher nach irdischen Maßstäben sehr weit fort ist, dann unternehmt ihr doch auch nicht gleich eine große Reise, um mit ihm zusammenzutreffen; ihr fühlt euch einfach bei ihm und empfindet seine Nähe. Im feinstofflichen Bereich charakterisiert dies unser Leben. Wir denken mit Liebe an euch und sind mit euch, mit denen, die wir lieben.

Eine Seele, die Gott und Christus verehrt und wahrhaft liebt, befindet sich zugleich unmittelbar im Zentrum des großen Lebens und des Lichtes. Die Umstände eures täglichen Lebens mögen euch oft mühsam und beschwerlich erscheinen, während ihr auf dieser Erde weilt. Wenn ihr auf eurer Lebensreise fortschreitet, begegnen euch auch viele Schwierigkeiten, die von euch überwunden werden müssen. Doch handelt es sich dabei im Grunde genommen gar nicht um Schwierigkeiten im geistigen Sinne, denn der Geist befindet sich stets in vollem Einklang mit dem gesamten göttlichen Leben, und in diesem göttlichen Leben der

Liebe gibt es keine Trennung und keine Schwierigkeiten. — Dies mag eigenartig für euch klingen, aber versucht zu erkennen, daß es wirklich so ist. Wenn euch das gelingt, werdet ihr in Berührung kommen mit der Ebene, auf der die Meister wirken. Die Gedanken der Meister erreichen die Menschheit durch die Wellen der Liebe; und immer, wenn die menschliche Seele diese Wellenschwingungen der Liebe berührt oder von ihnen berührt wird, oder wenn sie sich im Einklang befindet mit den geistigen Anregungen und Anstößen, die von den Meistern ausgehen, dann sieht die Seele ganz klar, wie die irdischen Probleme gemeistert werden können.

Durch euer Streben zu Gott und durch euren innigen Wunsch, Gutes zu tun, öffnet ihr euch einem Universum von unermesslicher Kraft und Macht. Sobald ihr euch einstimmt auf den Ton, die Note, den Klang, der als Liebesschwingung von den Meistern ausgeht, seid ihr sogleich dort und eins mit ihnen, so wie sie eins mit euch sind. Der Geist der Meister, die hohe Absicht der Meister, fließt durch euch, lenkt und leitet euch und bewirkt Gutes für andere, durch das Instrument eurer Seele.

3

Gottes Plan ist vollkommen. Warum erlaubt ihr dann eurer Seele, ängstlich und bekümmert zu werden? Nichts ereignet sich durch Zufall. Alles geschieht auf Grund einer göttlichen Ordnung. Wenn der Mensch fehlt oder das göttliche Gesetz übertritt, dann wird das Ergebnis seines törichten Verhaltens durch das Gesetz Gottes immer letztlich zum Guten gewendet. So stellt Gott die Harmonie stets wieder her. Er lenkt das Schicksal der Völker, heilt die Seelen der einzelnen Menschen und, obgleich euch vieles als Zufall erscheinen mag, arbeitet in Wirklichkeit doch alles zusammen im Sinne göttlichen Willens und göttlicher Ordnung. Bedenkt dies wohl und — nachdem ihr euer Bestes mit den vorhandenen und euch zur Verfügung stehenden Mitteln getan habt — überlaßt alles weitere der göttlichen Liebe und dem vollkommenen göttlichen Gesetz. Fürchtet euch nicht, habt keine Angst, sondern übergebt euer Leben und eure Angelegenheiten in die Hand des Großen Weißen Geistes.

Sucht zuerst nach dem Königreich des Himmels. Sucht den Tisch der Kommunion, des Abendmahls, des Gemeinschaftsmahls und findet dort Stärkung für alles, was vor euch liegt. Wenn ihr unerschütterlich auf Gott vertraut, wird Seine Liebe durch alles strömen, was ihr erlebt und was euch umgibt — und ihr werdet den Frieden des Herzens gefunden haben.

Gott ist All-Liebe und All-Weisheit. Alles, was Er von Seinen Kindern erwartet, ist Liebe; daß sie Liebe schenken, Liebe üben in allem, was sie sind und tun. Ihr alle müßt lernen, geduldig, ruhig und gelassen zu werden.

Ihr meint, das bedeutet lediglich zu warten, endlos lange zu warten. Ich höre jetzt deutlich, wie manche von euch denken: "Aber wir sind doch schon so geduldig, White Eagle, wir *warten* doch bereits mit aller Geduld, die uns zur Verfügung steht!" Das ganze Leben, meine Brüder, meine Schwestern, muß in ständiger

Geduld verbracht werden, und bis zum letzten Augenblick eures Lebens, bis zu dem Zeitpunkt, wo ihr von den Banden des physischen Körpers befreit werdet, müßt ihr diese Lektion lernen, immer wieder aufs Neue. Geduldig zu sein bedeutet nichts anderes, als Vertrauen in Gott zu setzen und im tiefsten Herzen zu wissen, daß Gott euch umsorgt und einen weisen und schönen Lebenssinn und Lebensplan für euch bestimmt hat.

Begeht nicht den Fehler anzunehmen, ihr wäret gezwungen, möglichst rasch den jeweiligen Abgrund, der vor euch liegt, zu überqueren, um auf schnellstem Wege ein festgesetztes Ziel zu erreichen. Verhaltet euch nicht so, sondern lebt vielmehr ganz bewußt jeden Augenblick, jede Stunde, jeden Tag eures Lebens in Ruhe und Gelassenheit, in der beschützenden All-Liebe Gottes. Nutzt jede Stunde, die auf euch zukommt, und tut einfach nur eines nach dem anderen, in der richtigen und gegebenen Reihenfolge.

Sobald ihr nur daran denkt, so schnell wie möglich etwas zu tun oder zu erlangen, geht euch der ständige Kontakt nach oben verloren. Haltet das Bild des Sternes fest vor eurem inneren Auge, liebe Brüder, und lebt ruhig in Gott, in Gottes ewigem Zeitmaß. Jeden Morgen, wenn ihr erwacht und jede Nacht, bevor ihr euch zur Ruhe begebt, sendet einen lichtvollen Gedanken zu dem Großen Weißen Geist. Das ist alles. Spürt nur einfach, daß Er in eurem Herzen wohnt, und daß ihr ein Sohn, eine Tochter dieser lebendigen Macht und Gotteskraft seid.

Alles, was ihr braucht — Gott weiß es. Gott ist unendliche Weisheit und Intelligenz — und in gleichem

Maße Liebe. Gott ist vollkommene Gerechtigkeit, und alle Dinge werden so geschehen, daß sie zum Guten führen. Wenn ihr euch das klar macht, dann werdet ihr euren inneren Frieden finden. Wenn eure Motive, eure Beweggründe gut sind, dann seid auch ihr gut. Gott beschützt und umsorgt euch, und zur rechten Zeit wird das, was ihr euch von Herzen erhofft, sich erfüllen. Auf Erden seht ihr die vielen Schwierigkeiten und Probleme, und ihr beurteilt und verurteilt eure Mitmenschen, ihr kritisiert das Leben, nur weil es nicht so ist, wie ihr es euch wünscht und vorstellt. Doch wenn ihr erkennt, wie alles, was ihr seht und sich in eurem Leben zuträgt, einen Sinn hat und dazu beiträgt, die Entwicklung der Menschheit voranzutreiben, das Verständnis füreinander zu entfalten und das Gottesbewußtsein zu vertiefen, dann werdet ihr wissen, daß alles gut ist, so wie es ist.

5

'Möge auf eurem Kreuz die Rose erblühen.' Mit diesem Satz soll euch gesagt werden: 'Möget ihr, durch beständiges Streben nach dem Licht, die Schwere des Kreuzes der Materie umwandeln in den Duft der Rose des geistigen Lebens.' Alles, was ihr anstrebt, solange ihr auf Erden weilt, muß tatkräftig erworben, muß ehrlich verdient werden. Ihr müßt dafür etwas tun und daran arbeiten, daß es sich erfüllen kann. Selbst die wahren Freuden des Lebens, die Erlangung und Verwirklichung alles dessen, was ihr euch wünscht, wird euch erst dann zuteil, wenn ihr ständig darauf zulebt und eure geistigen Fähigkeiten entwickelt und erweitert. So werdet nicht schwach und mutlos bei euren Bemühungen. Schaut nach vorn, auch wenn es manchmal schwerfällt. Laßt nicht nach, vorwärts zu schreiten. Wenn einmal bittere Zeiten kommen, dann betet, es möge das Bild des leuchtenden Sternes vor eurem inneren Auge erstehen, und euch daran erinnern, daß eure Brüder in den geistigen Welten jedem einzelnen von euch, der ganzen Menschheit, den wahren Weg weisen und euch hinführen zu der Offenbarung des Lichtes Christi auf Erden.

Viele Menschen meinen, es sei ein Zeichen von Schwäche, sich friedlich zu verhalten und kein Öl in aufgebrachte Flammen zu gießen. Doch laßt uns das Wort 'Schwäche' lieber ersetzen durch den Begriff der Sanftheit und der Demut. Christus, der Herr, ist sanft und voller Demut; und doch ist er allmächtig. Der Friede ist eine schöpferische Kraft, sowohl im Herzen der einzelnen Menschen als auch im Bestreben der Völker. Der Geist des Friedens verkörpert die Macht des Guten, den Willen zum Guten. Tragt deshalb den Geist des Friedens in die Welt der Materie. Gebraucht die Materie, macht sie euch nutzbar, anstatt euch von ihr und damit eurem niederen Selbst beherrschen zu lassen. Breitet den Frieden überall aus: diese Kraft, diese Macht, dieses göttliche Leben, dieses wahre Glück für die Menschheit. Bleibt fest und zweifelt niemals an der Macht des Guten, an der Weisheit Gottes.

Nichts ist so wichtig wie das Wissen eurer Seele um die Liebe Gottes. Nichts ist so wesentlich, wie ohne Unterlaß auf dem Weg des Lichtes vorwärts zu schreiten. Das größte und vorrangige Anrecht des Menschen ist sein Anrecht auf Gott, auf sein geistiges Streben zu Gott, oder in anderen Worten: auf sein höheres Selbst. Euer wahres Selbst ist göttlich, ist geistig, ist ein klarer, heller Tropfen im Meer des ewigen Lebens. Standhaft, wahrhaft und in Treue müßt ihr euch bekennen zu diesem scheinenden, leuchtenden, strahlenden Geist.

Euren Brüdern könnt ihr am besten dienen, indem ihr in der rechten Weise dem Licht folgt und euch gehorsam dem beugt, was euer höheres Selbst euch weise auferlegt. Laßt es nicht zu, in die Dunkelheit irdischer Konflikte herabgezogen zu werden. Lernt es, euch über alle Zerwürfnisse zu erheben und zu erstarken in der Verbundenheit mit den geistigen Wahrheiten. Dann werdet ihr Liebe, Glück, Ruhe und Freiheit finden, und von dieser Ebene aus werdet ihr auch fähig sein, euren Brüdern und Schwestern und der gesamten Menschheit zu helfen.

6

Jeder von euch ersehnt sich von Zeit zu Zeit oder auch ständig und für immer den Frieden. Unter Frieden versteht ihr den guten Willen untereinander und füreinander, den guten Willen unter den einzelnen Völkern und Nationen und damit auch das Niederlegen aller Waffen. Aber Friede ist sehr viel mehr als nur dieses. Friede kann nur in eurem Herzen wohnen und von dort aus verstanden und verwirklicht werden. Der Friede besteht jenseits allen Lärmes, aller Unruhe der äußeren Welt, jenseits aller Gefühle und Gedanken. Er ist zu finden in der tiefen Stille und Abgeklärtheit der

Seele. Der Friede ist Gott, in anderen Worten: Er ist Gott, euer Schöpfer.

Wie kann der Mensch aber diesen Frieden finden? Nun, er kann ihn nicht finden, indem er über ihn nachdenkt und dabei die Kräfte des Verstandes benutzt, um ihn zu begreifen. Nein, meine Kinder: Der helle Stern wird euch zum Frieden geleiten, der Stern wird über euch scheinen, wenn ihr euch auf den Weg begebt, ihn zu suchen. Der Stern des Friedens leuchtet immer noch, auch jetzt noch, über dem Stall von Bethlehem. Seht vor euch den schlichten Stall, mit der göttlichen Mutter und Josef, ihrem Beschützer. Die göttliche Mutter ist Liebe, lebensspendende Liebe, und Josef, ihr Beschützer, ist der gute Wille, welcher richtig denkt und handelt, der schützt und wacht über der Mutter, die dem Christuskind das Leben schenkt.

Der Stern zieht alle weisen Männer und Frauen an und führt sie zu dem heiligen Geheimnis der Geburt des Christus im Herzen. Es ist die Liebe, welche alle Geschöpfe — Tiere, Menschen und auch Engel — zu diesem Mysterium hinzieht; denn selbst die Engel scharen sich in Ehrfurcht um den Ort, wo Christus geboren wird, welcher allein der Welt Frieden und guten Willen bringt. An Christus wendet ihr euch doch, den strahlenden, leuchtenden Christus, wenn ihr niedergedrückt seid von Furcht und Leid, wenn eure Gefühle aufgewühlt sind oder ihr euch verlassen und verloren fühlt. Ihr bittet dann darum, daß sein Geist euch erfüllt und umgibt. Der Christusgeist kann nur in eurem eigenen Herzen geboren werden, um euch Frieden zu bringen, inneren Frieden, den euch weder euer eigener nüchterner Verstand, noch die ganze äußere Welt geben oder nehmen kann.

Erschafft nun mit eurem inneren Auge das Bild einer zart-rosa Rose, als Symbol reiner, göttlich-mütterlicher Liebe. Während die vollkommene Form der Rose vor euch ersteht, atmet den Duft der Rose tief in euch ein. Nehmt den sanften Schmelz ihrer Blütenblätter wahr und versenkt euch in ihren goldenen Kelch, in dem das funkelnde Juwel des Christusgeistes ruht. Der Anblick dieses strahlenden Juwels erweckt in euch eine wundersame geistige Kraft, die euch durchströmt ...

Alle Form wird durch die gedankliche Vorstellung erschaffen. Wir möchten euch daran erinnern, daß es in der Macht des Sohnes Gottes steht, Form durch Gedankenkraft erstehen zu lassen. Diese Kraft, diese Macht ruht auch in euch, in allen Menschen. Manchmal ist eine Gedankenform das Ergebnis unbedachter oder gar negativer Gedanken, welche Formen erschaffen, die von wenig Nutzen sind. Doch alle rechten Gedanken, alle Gottes-Gedanken, lassen die vollkommene Form entstehen. Wenn ihr betet, meditiert oder euch in die Liebe Gottes versenkt, dann erschafft ihr die wunderschönste, die vollendetste Form, welche der Andacht und Aufrichtigkeit eures Gottesdienstes, eures Dienstes an Gott, entspricht.

Wir haben euch das Bild der Rose gezeigt. Es soll ganz für euch gedacht sein, und wir möchten euch damit zu erkennen geben, daß diese Rose das Sinnbild eures eigenen Herzzentrums ist. Damit diese herrliche Rose vor eurem geistigen Auge erstehen kann, müßt ihr reine Gedanken entfalten, müßt ihr sanfte, milde, liebevolle, strahlende Gedanken aussenden. Dann erscheint euch die Form der Rose auf der ätherischen Ebene (eben weil ihr ätherische Substanz verwendet habt, die so viel leichter als die dichte Materie von der Kraft der Gedanken geprägt und gestaltet werden kann). Wenn ihr, die ihr auf Erden weilt, diese vollkommene und wunderschöne Rosenblüte erschaffen könnt, dann erbaut ihr damit gleichzeitig eine kleine, behütete Stätte, in welcher das Christuskind geboren werden kann. Denn in der Mitte eures Herzens, in der voll erblühten Rose, welche euer höheres Selbst erschaffen hat, schimmert das leuchtende Juwel des Geistes.

Wenn ihr auf dem Wege seid, euch geistig zu entfalten, dann werdet ihr es völlig natürlich finden, immer wieder wunderschöne Formen auf der ätherischen Ebene in den geistigen Welten erstehen zu lassen. Durch eure guten Gedanken werdet ihr unmittelbar und spontan positive Formen bilden, und diese Formgebung wird auch die Wiege erschaffen, den Schoß, den Geburtsort des Christus-Kindes, das in euren Herzen wohnt.

Wir haben euch ein ganz schlichtes Bild aufgezeigt, um euch damit eine tiefgründige, einfache Wahrheit zu enthüllen.

******

V.

VERWEILT IN DER STILLE DES FRIEDENS

1

Die Welt des Geistes ist um euch und in euch. In euch wirkt die Macht Gottes, und wenn ihr tief in eurem Herzen immer wieder bekennt, daß Gott in euch lebt, und ihr lebendig seid in Ihm, so wird euch Seine Kraft führen und leiten. Was immer euch mangelt, vergeßt die irdischen Dinge und konzentriert euch voll und ganz auf den ewigen Geist, der in eurem Innersten wohnt. Immer und ohne Ausflüchte gehorcht dem Licht, das in euch scheint. Gehorcht der Stimme eures Geistes, welche auch die Stimme eures Meisters ist.

Die Leute rennen hierhin und dorthin, weil sie dem Meister begegnen wollen. Sie meinen, wenn sie dieselbe Luft wie der Meister atmeten, kämen sie dem Himmel näher. Aber solch ein Verhalten führt nicht zum Ziel. Jede Seele trifft den Meister genau zur rechten Zeit und Stunde; doch befindet sich der Meister so nahe bei euch, daß ihr ihn oft gar nicht erkennt. Den Meister, dem ihr dienen und gehorchen müßt, findet ihr direkt in eurem Herzen. Im Laufe der Zeit wird sich euer geistiges Bewußtsein immer mehr erweitern, bis ihr schließlich die Gegenwart des Meisters spüren und ihn erkennen werdet. Er wird in euch sein, durch euch wirken und arbeiten und jedes Atom eures Körpers und eurer Seele beherrschen.

Strebt demütig und in Liebe danach, dem Meister in eurer inneren Welt zu begegnen und ihn in euch selbst, in eurem eigenen Herzen zu erkennen. Ihr werdet dann ein Gefäß für das Licht Gottes werden und euren jüngeren Brüdern beistehen und helfen können.

2

Wir bitten euch, an den Meister Jesus nicht als an eine weit entfernte Erscheinung zu denken, vielleicht auf einem himmlischen Thron, weit weg von euch und eurem täglichen Leben; denn damit würdet ihr nur eine Art Barriere, eine unnötige Schranke aufrichten zwischen euch und ihm. Der Meister Jesus ist eine starke, geistig machtvolle Seele, doch zugleich ist er auch sehr menschlich und voller Güte. Er ist sehr sanft und von äußerst edler Erscheinung. Sein Antlitz ist bärtig, seine Stirne schön geformt, seine Gesichtszüge sind vollkommen. Von wunderbarer Schönheit sind seine Hände und Füße.

Jesus hat eine machtvolle Verbindung zum jetzigen Zeitalter. In bestimmtem Sinne bereitet er die Seelen der Menschen vor auf die nächste Ausgießung des Christuslichtes für die Menschheit. Er steht an der Spitze, am Quell des Heilungsstrahles, und mit der Heilung von leiblichen Körpern ist auch die Heilung der Seelen verbunden. Er bringt Weisheit und Liebe in die Seelen der Männer und Frauen. Er ist betraut mit den Urkräften der Weisheit und der Heilung, denn wahre Heilung ist auch verbunden mit dem Wissen um geistige Wahrheit und spirituelle Kräfte, sowohl in dieser Welt als auch außerhalb dieser Welt. Wenn ihr als Heilende tätig seid, dann könnt ihr sicher sein, daß der Meister Jesus euch seine Hilfe senden wird. Er arbeitet natürlich auch zusammen mit der geistigen Bruderschaft, denn das Werk der Bruderschaft beinhaltet, Heilung zu bringen für die gesamte Menschheit. Wenn ihr das Licht des Sternes in die Welt aussendet, dann strahlt ihr damit gleichzeitig auch Heilkraft in die Seelen der Männer und Frauen auf dieser Erde.

Jesus strömt Mitgefühl, Erbarmen und Liebe aus. Er hat eine schwere Last auf seinen Schultern getragen und trägt sie jetzt noch für die Menschheit. Er brachte das größte Opfer, indem er sich selbst vollkommen und vorbehaltlos dem Christusgeist hingab. Er überließ seinen physischen Leib dem Christus, um nur noch Gefäß für das Christuslicht, den Christusgeist zu sein. Er brachte alles dar, gab alles hin — und bringt nun den Geist der Hingabe und des Opfers in die Herzen aller, die in seinem Sinne wirken und arbeiten. Er entfaltet in euch den Geist, welcher Liebe und Glück in das Leben hineinträgt. Wenn ihr euer ganzes Wollen in die Hand Gottes legt, dann werdet ihr fortan inneren Frieden und unsägliches Glück empfinden.

Denkt an Jesus als eine Wesenheit, die schönste, tiefste Menschlichkeit verkörpert, heiter und glücklich ist und voller Liebe für euch Menschenkinder.

3

Eure Gedanken der Liebe, die ihr zu geliebten Seelen hinsendet, die bereits in die Welt des Lichtes hinübergegangen sind, können niemals fehlgehen. Wenn der Körper stirbt, dann tragen die Engel des Todes, die Boten Gottes, die schlafende Seele sanft mit sich fort, durch eine Nebelschicht, welche die Erde umgibt, und legen sie behutsam auf ein Lager im neuen Heim ihrer himmlischen Heimat nieder. Alle Lebensängste sind dann wie von selbst verschwunden. Ihr Menschen auf Erden fürchtet den Tod so sehr. Doch in Wirklichkeit seid nicht *ihr* es, die den Tod fürchten. Es ist eigentlich nur euer Körper, der ihn fürchtet. Der Tod ist der Engel, der ausgesandt wird, um den widerspenstig sich sperrenden Riegel der Körperlichkeit zu lösen und den Geist zu befreien.

Wenn die Menschen in engerer Gemeinschaft mit den von ihnen geliebten himmlischen Wesen leben würden, dann könnten sie durch die Kraft ihres geistigen Strebens die Bedingungen auf Erden erschaffen, die es den himmlischen Wesen ermöglichen, zu ihnen zu kommen. Ihr dürft nicht in der Vorstellung leben, daß die Engel Gottes euch erreichen können, wenn ihr Menschen von harten, rauhen, unharmonischen Schwingungen umgeben seid und der göttliche Lebensrhythmus von euch gestört oder unterbrochen wurde. Allein dort, wo Einklang herrscht, Übereinstimmung und Harmonie, können die Engelwesen sich hingezogen fühlen und euch nahe sein.

Geist wird durch Geist gespeist. Euer Geist — eingehüllt in euren physischen Körper — wird genährt von den geistigen Welten. *Ihr selbst* aber müßt die Mühe aufwenden, euch abzutrennen von der Härte und dem aus dem Gleichgewicht geratenen Rhythmus der sehr materiell eingestellten Welt und euch einstimmen auf die höhere Wellenlänge und Harmonie der himmlischen Welten.

Alle Unfähigkeit, Furcht und Krankheit sind das Ergebnis dessen, was wir als den 'gebrochenen Rhythmus' bezeichnen, als unterbrochenen Kontakt mit dem Quell des Lebens, mit dem Schöpfer. Um davon geheilt zu werden, müßt ihr die materiellen Dinge des Lebens vergessen und euch einstellen auf die höhere Schwingung des geistigen Lebens. Ihr müßt daran arbeiten, innerlich frei zu werden. Das gelingt euch durch die Vereinigung mit Christus, durch die Vereinigung mit der Christus-Aura.

Gott kennt eure Nöte. Er weiß, was eurer Seele und eurem Körper fehlt; und wenn die Seele geheilt und wieder heil ist, dann wird auch der Körper von Lebenskraft erfüllt sein und das Herz in der Brust vor Freude hüpfen.

4

Im täglichen Leben könnt ihr, wenn ihr wollt und wenn es nötig ist, sogleich die innere Ruhe eures Gemütes wieder herstellen. Durch eine kleine Anspannung des Willens Gottes in eurem Inneren, werdet ihr sogar einen wilden Sturm der Gefühle in euch zum Abklingen und zur Besänftigung bringen.

Ihr sehnt euch nach einem Leben, das frei, heil, glücklich und freudig ist — ihr sehnt euch danach, das Land des Lichtes erschauen zu dürfen, das gelobte Land, das verheißene Land, das Moses erblickt hatte.

Ihr könnt es auch sehen. Wir weisen euch den Weg dorthin.

Laßt nichts die Ruhe eures Geistes stören. Wenn ihr es zulaßt, daß äußere Ereignisse euer inneres Gleichgewicht erschüttern, werden sich sofort alle feinen, zarten Verbindungsfäden reiner, leuchtender Farben, die eure Seele mit dem Urquell des Lebens verbinden, verwirren, verheddern und kreuz und quer durcheinander geraten. Hütet euch davor, daß diese feinen, energiegeladenen 'Verbindungsdrähte' sich nicht überkreuzen und verschlingen, um eine Art 'falsche Verbindung' zu verursachen, über die ihr dann sehr verwundert seid und es gar nicht verstehen könnt, warum eure Angelegenheiten auf einmal so schwierig geworden sind. Laßt keine solche Verwirrungen zu. Haltet eure Verbindungsleitungen nach oben sorgsam geordnet und behaltet dabei einen ruhigen, gelassenen Geist. Alle, die das gelobte Land jemals erschauten, blieben ruhig und friedvoll in ihrem Herzen. Jemand, der ein Meister seines eigenen Lebens sein möchte, darf es nicht zulassen, beunruhigt oder verstört zu werden.

Zuweilen sehen wir, daß ihr in Ängste verfallt, weil ihr die Arbeit, die ihr euch vorgenommen habt, nicht so ausführen könnt, wie ihr es gerne möchtet. Ihr fühlt euch oft überschäumend vor Kraft und meint, so vieles vollbringen zu können, wenn euch nur die Gelegenheit dazu geboten würde. Wir möchten euch daran erinnern, daß ihr nicht immer euren Weg selbst wählen dürft. Ihr steht dann vor eurem Meister, um seine Anweisungen entgegenzunehmen. Ihr seid manchmal zu ungeduldig. Ihr erwartet, daß sogleich etwas geschehen müsse, anstatt eurem himmlischen Vater und Seinen

Helfern zu vertrauen, in dem Wissen, geborgen und behütet zu sein in der fürsorglichen Liebe eurer geistigen Brüder.

Jeden Morgen, bevor ihr euer Tagewerk beginnt, gebt euch von ganzem Herzen der Göttlichen Gegenwart hin; dann wird euer Tag friedlich und glücklich verlaufen. Ihr werdet erfüllt sein von der Kraft, Gottes Willen zu verwirklichen.

Jesus sagte: 'Trachtet zuerst nach dem Königreich Gottes, und alles wird euch gegeben werden.' Sucht zuerst nach diesem Königreich. Sucht zuerst nach Gott. Kümmert euch nicht um all die Dinge des Verstandes und des Fleisches, welche euch herniederzerren wollen. Geht unbeirrt geradeaus und folgt dem Wegweiser des Christusgeistes. Wenn ihr so in Gott seid, wird sich euer Leben mit einem Glück füllen, das kein Mensch auf der Welt euch rauben kann.

******

VI.

DENKT, SPRECHT UND HANDELT IM LICHT

1

Seid mutig und entschlossen, Brüder, seid stark im Christusgeist. Bemüht euch, alle Selbstsucht zu überwinden. Besiegt euren Eigensinn und überlaßt euer Herz und euren Verstand in Demut der höchsten Liebe und Weisheit eures Schöpfers: eurem himmlischen Vater und eurer göttlichen Mutter.

Gedanken üben den mächtigsten Einfluß in eurem Leben aus. Leben *ist* Gedankenkraft, und was der Mensch denkt, das wird er. Deshalb achtet auf eure Gedanken, wenn ihr den Wunsch habt, euren Mitmenschen zu helfen. Seid stark in Gott und treu dem Christusgeist, der in euch wirkt. So werdet ihr Meister werden im Heim eurer eigenen Seele, im Innersten eures Seins.

Es ist unumgänglich, daß ihr euch eurem Karma unterwerft und es annehmt, so wie es ist. Das ist die Wahrheit. Aber ihr könnt euer Karma auf euch nehmen im Geiste des Christus, der in euch wohnt. Ihr könnt eure sogenannten Feinde segnen. Ihr könnt denen Gutes tun, die dringend eurer Hilfe bedürfen. Eine solche Einstellung sollte euer Leben und euer Bewußtsein durchdringen. Dann umgibt euch ein Meer des göttlichen Friedens, der Liebe und der Glückseligkeit, und ihr werdet aus tiefstem Herzen in der Lage sein, die Menschheit zu segnen. — Solcher Art ist das Werk, das auf jeden Bruder wartet. Brüder müssen stark sein in

Christus und ihren jüngeren Brüdern helfen, selbst stark zu werden und zu bleiben.

Gute Gedanken, Gottes-Gedanken werden dereinst die Welt beherrschen, und das ist es, worauf die Bruderschaft hinarbeitet. Wir wissen, daß gute Gedanken, Gottes-Gedanken, rechte Gedanken, von Liebe erfüllte Gedanken die Erlösung für die menschliche Rasse bringen werden.

Lebt in Gott, meine Brüder, überwindet alle Selbstsucht, haltet Körper und Geist gesund und rein. Strebt danach, eure Gesundheit zu erhalten und einen gesunden Geist und Körper zu besitzen. Das bedeutet, daß ihr euch für eine reine Lebensweise entscheiden müßt. Nehmt reine Nahrung zu euch, atmet reine Luft und denkt reine Gedanken. Wir sprechen zu euch mit aller Liebe und allem Verständnis, mit allem Mitgefühl für euch und eure Schwierigkeiten und denken dabei auch an die schweren Probleme, die euch euer physischer Körper auferlegen kann. Er wird zuweilen zu einem rechten Prüfstein für euch.

Doch erhebt euch über die physische und irdische Ebene, die euch oft gefangen hält, liebe Brüder, und ihr werdet feststellen, daß ihr das Leben leichter ertragen könnt. Legt eure Hand in die Hand Gottes. Dann wird sich alles in eurem Leben zum Guten wenden — zu Gott hinwenden.

Wenn ihr recht und richtig denkt, werden sich Wunder ereignen. —

2

Ihr seid erstaunt darüber, daß wir immer wieder die Schönheit des Lebens betonen und offensichtlich das, was unharmonisch und unschön ist, gar nicht erwähnen. Von eurem irdischen Standpunkt aus mögt ihr da etwas widersprechen und denken: "Warum wird das *bißchen* Schönheit der Welt so sehr hervorgehoben, und über die vielen Sorgen, all die Unwissenheit und Dunkelheit auf Erden wird überhaupt nicht gesprochen?"

Nun, das ist so, weil wir weitaus mehr als ihr die unendliche Schönheit sowohl des geistigen als auch des vergänglichen Lebens sehen können. Sogar in diesem Augenblick, während wir zu euch sprechen, hören wir den Gesang der Vögel draußen wie eine wunderschöne Musik für unsere Seelen. Wir empfinden die anmutige Gesellschaft der Blumen auf eurem Altar; wir sehen die Gestalten der Naturgeister, die diese Blumen beschützen und für ihre Schönheit und ihren Duft verantwortlich sind. Diese kleinen Naturgeister sind unsere Gefährten — unsere Brüder.

Wie herrlich ist doch diese Welt! Wenn wir die Stadt verlassen, können wir uns in den Fluren ergehen und die vielen wild wachsenden Blumen bewundern. Wir sehen das emporsprießende Korn und erfreuen uns an den zahlreichen Bäumen, die reich beladen sind mit der Verheißung üppig gedeihender Früchte. Wir erschauen in den Lüften des Himmels Millionen und Aber-Millionen von Naturgeistern, die alle für das Gute im Leben zusammenwirken und Gaben der Nahrung zur Erhaltung des Menschengeschlechtes darbringen. Wir erblicken in diesem kleinen Andachtsraum von euch die Formen strahlender, leuchtender Lehrer und Engelwesen, die bereit sind, zu dienen und eure Seelen mit Liebe und Frieden zu erfüllen. Wir sehen, daß durch die Musik, die ihr soeben vernommen habt, die Engel der Musik zu euch hingezogen wurden, um euch zu dienen, um eure Seelen zu berühren wie Hände, die über die Saiten einer Harfe streichen, damit auch ihr die Harmonie der Sphärenmusik in euch aufnehmen möget.

Und da wundert ihr euch, wenn wir immer wieder die Gaben Gottes preisen, welche so verschwenderisch für euch, Seine Kinder, bereit sind? Erkennt ihr denn nicht, geliebte Brüder, wie ihr in dem Maße, in dem ihr für Liebe und Schönheit empfänglich seid, die Schönheit auf Erden vermehrt; und im gleichen Sinne alles, was auf der anderen Waagschale liegt — nämlich die Dunkelheit und Gleichgültigkeit, die Bitterkeit und Selbstsucht der Menschen — herabmindern könnt?

Wir wissen sehr wohl um das Widerwärtige und Entmutigende im Leben der Menschen, aber unsere und auch eure Aufgabe ist es, diesen häßlichen Nebel, der euch umgibt, zu vertreiben. Wir gehen alle gemeinsam den gleichen Weg, der uns immer mehr nach vorn und immer weiter aufwärts führt zum ewigen Königreich des Himmels. Und vergeßt nicht, daß ihr durch jeden Gedanken und jedes Handeln in eurem Alltag Freude bereiten, Glück und Liebe schenken könnt, um so mitzuhelfen, den großen Entwicklungsplan Gottes auf Erden zu erfüllen.

3

Ich höre euch sagen: „White Eagle, du erwartest von uns, daß wir unsere Gedanken beherrschen — aber das schaffen wir nicht!"

Nun, ich will euch eine einfache Übung geben. Wenn ihr etwas zu tun habt, und sei es auch nur, einen Nagel in die Wand zu schlagen, dann erledigt diese Aufgabe mit aller euch nur möglichen Aufmerksamkeit und Sorgfalt. Konzentriert euer ganzes Sein darauf, und tut nicht das Eine, während ihr schon an andere Dinge denkt. Widmet euch nur dem ganz besonderen Stück Arbeit, das ihr gerade zur Hand habt. Wie oft hört ihr einem Gespräch zu, ohne überhaupt etwas davon in euch aufzunehmen. Eine Unterredung mag euch noch so nichtig oder oberflächlich erscheinen — wißt ihr denn, ob nicht vielleicht nur ihr es seid, die in diesem Fall töricht oder gleichgültig sind? Vergeßt deshalb alles andere, außer eurem Gesprächspartner, wenn ihr euch mit ihm unterhaltet. Richtet eure ganze Aufmerksamkeit nur auf das, was er euch zu sagen hat. Nicht zuletzt erfordert das auch die mitmenschliche Höflichkeit. — Wenn der Meister käme, und ihr — nicht wissend, daß er es ist — mit ihm sprächet — vielleicht sogar ganz dummes Zeug — dann würde der Meister sehr aufmerksam jedes einzelne Wort, was ihr zu ihm sagt, in sich aufnehmen. Für genau diesen Augenblick wäre euer Gespräch einzig und allein das, was ihn erfüllen würde.

Nehmt das, was ich euch hiermit sagen will, sehr ernst, denn es beinhaltet ein ebenso anwendbares wie einfaches Verfahren zur Erlangung von Gedankenkontrolle. Lenkt also eure volle Aufmerksamkeit immer auf das, was ihr gerade tut und auf nichts anderes.

Geht nicht mit geschlossenen Augen durch die Welt, sondern verständig, aufgeschlossen und dem Leben zugewandt. Stellt euch stets auf das Wesentliche des jeweiligen Augenblickes ein. Damit vollzieht ihr den ersten Schritt zur Kontrolle eurer Gedanken. Ihr werdet dann auch beginnen, für euren Meister von Nutzen zu sein und eurem geistigen Führer ein Werkzeug des Lichtes zu werden.

Bedenkt, daß der reine Verstand so vieles zerstören kann. Weist deshalb alle zersetzenden, bösartigen Gedanken weit von euch; werft sie hinaus, und setzt euch in Einklang mit dem einen kraftvollen Grundton des Lebens und der Liebe.

Obgleich ihm durchaus ein berechtigter Platz im Leben zukommt: Laßt euch vom irdischen Intellekt nicht verleiten und verführen. Der Verstand an sich besitzt soviel Macht und Überzeugungskraft, daß ihr den Äußerungen eures Herzens immer vollen Spielraum gewähren könnt. Niemals werdet ihr fehlgehen, wenn ihr euch ganz von eurem Herzen leiten laßt. Das Zeitalter des Verstandes ist ein äußerst gefährliches. Deshalb wirken die Weisen der höheren Welten auch unermüdlich darauf hin, eine Verschmelzung von Herz und Verstand bei der Menschheit herbeizuführen. Der Verstand ist der Zerstörer — das Herz der Bewahrer. Das Herz ist die große Mutter, der Schoß des Lebens. Begebt euch deshalb auf die Suche nach dem, was unter der Oberfläche der Dinge zu finden ist. Erforschet die Herzen der Menschen, und handelt selbst aus eurem Herzen heraus. Gebt euch nicht mit Worten zufrieden. Fragt nach der inneren und tieferen Bedeutung des Lebens. Sucht nach dem Herzen eures Bruders, nach dem Herzen einer Gruppe, nach dem Herzen der Menschheit und nach dem Herzen der Erde.

Die Rose der göttlichen Liebe ist das Herz.

4

Die Macht der Gedanken ist die schöpferische, quellende Kraft allen Lebens; und doch verbleibt diese Urkraft in den Seelen der meisten Menschen in einem bewegungslosen, gelähmten, starren und unfruchtbaren Zustand. Gewöhnt euch daran, Gott-Gedanken, Gottes-Gedanken zu erschaffen und zu gebrauchen. In euch allen ruht die Fähigkeit, Gottes-Gedanken auszusenden — Gedanken, welche die Macht besitzen, selbst in den Atomen feinste Schwingungen auszulösen, die sie durchdringen und verändern können.

Wir möchten euch auch lehren, daß dem einfachen, so oft gebrauchten und so selten verstandenen Wort — GOTT — eine unermeßliche Macht innewohnt. Je stärker ihr die Schwingung Gottes, und damit die Schwingung des Guten, aus Herz und Gedanken aussendet, je mehr tragt ihr dazu bei, die Macht Gottes auf Erden fest zu verankern. Erkennt ihr nun, welche gewaltige, zumeist schlummernde Kraft in eurem Inneren, in euch selbst vorhanden ist? Sie ist ein Geschenk Gottes an euch, Seine Kinder!

Jesus hat während seines demutsvollen Dienstes an den Menschen immer wieder den einen Satz wiederholt: — "Der Vater, der in mir wohnet, Er vollbringt die Werke!" Jesus hat nie einen Anspruch für sich selbst erhoben, den er nicht zugleich mit allen, die Gott lieben, geteilt hätte. Wenn ihr die Wahrheit erkannt habt, daß Christus in euch lebt, dann könnt ihr als wahre Söhne und Töchter Gottes euren Mitmenschen wirklich helfend, stützend und dienend zur Seite stehen.

Seid ihr nicht Gott zum Ebenbilde erschaffen worden? Was für ein edles angestammtes Recht ist damit das eure: die Gaben des Geistes in euch zu bewahren und zu entfalten, damit ihr vollkommene Kinder Gottes, des Vaters, werdet, um euren Dienst an den Menschen zu versehen, so wie ihn Christus der Menschheit dargebracht hat.

Mit den Worten des Meisters sagen wir nun zu euch: "Hütet und betreut meine Schafe" — in täglichem Dienen, in täglich neuer Liebe.

5

Wir möchten euch für die nächsten Tage einen Gedanken zum Nachdenken geben, ein Wort, über das ihr einmal in Ruhe nachsinnen solltet: Mut! — Als Diener des Christus darf es euch niemals an Mut und Entschlossenheit fehlen. Ihr werdet immer wieder neuen Versuchungen ausgesetzt sein, denn die fahlen, grauen Schatten hängen sich nur zu gerne an euch und verdichten sich um euch, in der Absicht, euch in Versuchung zu führen, schwach zu werden und das Vertrauen zu verlieren. Sie wollen euch verführen, zu euch selbst zu sagen: "Ich bin ja doch zu nichts nütze" und euch damit Minderwertigkeitskomplexen auszusetzen. Minderwertigkeitsgefühle sind aber pure Einbildung und haben mit Bescheidenheit und Demut überhaupt nichts zu tun.

Immer, wenn ihr ängstlich seid, wenn ihr euch vor etwas fürchtet, hüllt ihr euch in einen trüben Schleier des Selbstmitleides ein, welcher von gar keinem Nutzen ist. Ihr müßt schöpferisch und positiv sein und die Kräfte, welche die Brüder der großen Weißen Loge euch ständig zufließen lassen, fest an euch ziehen. Es ist an *euch*, sie anzunehmen!

Ihr braucht viel Mut für eure Arbeit, für euer Werk: Mut zu heilen, Trost zu spenden, euren Dienst zu tun und Mut, niemals an Gottes Allmacht zu zweifeln, an der Macht Gottes, die durch euer Herz wirken kann. Zu denken, ihr wäret zu nichts gut, hieße, an Gottes Allmacht zu zweifeln. Ihr selbst von euch aus seid allerdings nur ein Werkzeug Gottes, aber das, was in euch wirkt: die Macht Gottes — ist die richtungsweisende, schützende, schöpferische Kraft des Lebens. Gott, der das Universum erschaffen hat, die Myriaden Sterne und die Planeten mit ihrem Einfluß auf diese Erde; welcher die großen Umdrehungsbahnen der Gestirne erdacht hat, der die unzähligen kosmischen Strahlen lenkt, die in Wirkung und Gegenwirkung diesen Erdball beeinflussen und sogar das Leben jedes einzelnen Individuums prägen — dieses gewaltige göttliche Prinzip wirkt und arbeitet durch euch!

6

Der sechsstrahlige Stern, in dessen Licht ihr euer Werk verseht, ist das Symbol des vollkommen harmonischen, ausgeglichenen Lebens, das Sinnbild des Christus-Menschen und des Christus im Menschen. Er ist das mächtige Symbol des in Vollkommenheit erschaffenen Menschen. Er versinnbildlicht sowohl die Grundform der *Materie*, als auch die Ausdrucksform des *Geistes*. Wir denken, wenn wir von dem sechsstrahligen, dem sechseckigen Stern sprechen, an die sechseckig angelegte Form der Schneeflocken und an viele andere Formen des Naturreiches, welche ebenfalls die sechs Zacken des sechsstrahligen, sechseckigen Sternes in ihrem Formenmuster wiedergeben.

Wenn ihr euch vorstellt, daß euer eigener Körper aus vielen Millionen winzig kleinen sechseckigen Sternenformen besteht, dann sollte euch klar werden, welch' eine Macht ihr besitzt — nein, natürlich nicht *ihr*, sondern Gott in euch.

Der Mensch ist in vieler Hinsicht in seinen Möglichkeiten begrenzt und eingeschränkt. Doch nicht nur das, er ist darüber hinaus auch eingeschüchtert und entmutigt, denn durch seine seit langem eingefahrenen Denk- und Lebensgewohnheiten hat er sich immer mehr in einen niederen Bewußtseinszustand verstrickt. Aber dennoch wirkt in jedem Menschen die Kraft und Allmacht Gottes, welche sich entfalten kann, sobald der Mensch seinem tief verwurzelten Bedürfnis entspricht, zu lieben und zu geben. Durch viele Leben hindurch hat der Mensch es unterlassen, das Gesetz der Liebe zu erfüllen. Er hegte nicht den Wunsch zu geben, sondern zu nehmen, und er überließ sich ganz seinem selbstsüchtigen Bestreben, möglichst vieles an sich zu ziehen. Durch steigende Besitzgier ist ihm schließlich der Schlüssel zu seinem eigenen 'Elektrizitätswerk', seinem ureigensten Kraftzentrum verlorengegangen.

Doch bedenkt, daß dieses Kraftzentrum in euch selbst vorhanden ist, dieses Licht, das von Liebe erzeugt wird; und ihr euch durch Liebe zu Gott und den Menschen darin üben müßt, dieses Licht, diese kraftspendende Energie hervorzubringen und auszustrahlen. Das Licht des Geistes kann aus eurem Herzen und eurem ganzen Körper scheinen. Wie eine weithin leuchtende Fackel im Dunkel der Nacht, kann das Herzzentrum des Menschen mit seinem Licht die verdüsterten Straßen und Wege des Lebens erhellen. Dieses Licht ist das strahlende Licht des Universums, das wahre Licht Gottes, die unbesiegbare Urkraft, welche Wunder bewirken kann. Es gibt nichts — keine Probleme, keine Schwierigkeiten, keine Begrenzungen — was nicht überwunden werden kann durch die gesammelte und vereinte Kraft von Millionen winzigster Sterne, die in euch sind, und durch den Stern von Bethlehem, den Christus-Stern, der tief in eurem Herzen scheint.

Der Stern von Bethlehem ist der Stern der Liebe, der Stern des wahren Friedens, nicht eines eingefahrenen und erstarrten Friedens, sondern eines machtvollen, dynamischen Friedens.

Laßt uns also diesen leuchtenden Stern erkennen als ein Wahrzeichen lebensvoller Kraft und beständigen, machterfüllten Lichtes, das alle Materie durchdringt.

Laßt uns dem Stern ein wahrer Helfer sein, der alle Gleichgültigkeit, alle Furcht, alles Unglück und alles Übel, das uns belastet, überwinden kann.

Gott erschuf den Menschen, damit er glücklich sein möge, liebe Brüder, und nicht für eine Welt des Leidens. Vater-Mutter-Gott erschuf Seine Erdenkinder für ein freudiges Leben. Er will euch Glück bereiten. Doch müßt ihr Ihm euer Herz auch öffnen und das euch von Vater-Mutter-Gott verliehene Glück an eure Brüder und Schwestern auf Erden weiterschenken.

7

Bedenkt, daß Gott den Menschen braucht, um Sich durch ihn zu offenbaren.

Tut deshalb alles, was in eurer Kraft steht, um nicht nur das Evangelium zu 'predigen', sondern es zu leben und vorzuleben. Sendet Licht aus in die Dunkelheit des Lebens. Säet Gutes, säet Güte, wo Mangel an Güte herrscht. Erweckt Güte und stärkt das Gute im Herzen eurer Brüder und Schwestern.

Ihr könnt der Menschheit nicht besser dienen, als durch das Hinaustragen der Kräfte des Lichtes in die Welt. Es muß nicht sein, daß ihr euch auf die Hilfe anderer verlaßt, um Möglichkeiten zum Dienst an den Menschen zu finden; bleibt ganz einfach ihr selbst, und überlaßt euch einzig und allein Gott. Wenn ihr Seinem Willen gehorsam seid und das, was Er euch schickt, in Demut annehmt, dann werden sich euch genug Gelegenheiten bieten, den Menschen dienen und helfen zu dürfen. Grenzenlos ist die Macht des

Lichtes, das durch euch hindurchströmen und sich durch euch über die ganze Erde ergießen kann.

Die Welt braucht die vielen positiven Gottes-Gedanken, die von euch ausgehen, um die an Leib und Seele Kranken zu heilen. In der Tiefe eurer Seele kniet nieder an den stillen Wassern des Geistes und betet, daß das Heilungslicht des Sohnes Gottes — des Christus — von euch ausstrahlen möge. Jenseits von euch waltet eine göttliche Kraft, die alle eure Vorstellungen übersteigt. Seid bereit, diese heilige Kraft durch euch wirken zu lassen.

Mögen sich eure Herzen weit öffnen. Möge das Licht durch euch hindurchströmen, um die Welt zu heilen — um sie aus Tod und Finsternis zu erheben in das Licht und den Glanz eurer ewigen geistigen Heimat.

WHITE EAGLE BÜCHER

WER IST WHITE EAGLE (von Walter Ohr)
48 Seiten, DM 10.-, 4. Auflage

IN DER STILLE LIEGT DIE KRAFT (The quiet mind)
Auslese der markantesten Worte von White Eagle
55 Seiten, DM 12.-, 11. Auflage

WUNDER DES LICHTES (Morninglight)
Über das Woher, Wohin und Warum des Menschen
64 Seiten, DM 12.-, 6. Auflage

DAS LEBEN JENSEITS DER TODESPFORTE (Sunrise)
Ein Buch, das Trost spendet und wahres Wissen vermittelt
64 Seiten, DM 12.-, 9. Auflage

GEBETE IM NEUEN ZEITALTER (Prayer in the new age)
Gebete und Invokationen
96 Seiten, DM 14.-, 4. Auflage

WEISHEIT VON WHITE EAGLE (Wisdom from White Eagle)
Vermittelt das Weltbild des neuen Zeitalters und erklärt das geistige Gesetz und seine Auswirkungen
96 Seiten, DM 14.-, 6. Auflage

UNSER GEISTIGER BRUDER SPRICHT (The gentle Brother)
Geistige Ratschläge für den Alltag
80 Seiten, DM 14.-, 3. Auflage

NATURGEISTER UND ENGEL (Spirtual Unfoldment II)
Das verborgene Leben der Naturgeister und Engelwesen
84 Seiten, DM 14.-, 6. Auflage

DIE GOLDENE ERNTE DER LIEBE (Golden Harvest)
Der Weg der geistigen Erfüllung
64 Seiten, DM 14.-, 4. Auflage

DIE VIER GROSSEN EINWEIHUNGEN (The Path of the Soul)
Wege zu einer inneren Wirklichkeit
88 Seiten, DM 14.-, 3. Auflage

DER WEG ZUM HÖHEREN SELBST (Spiritual Unfoldment III)
Ein Wegweiser zu den inneren Mysterien
96 Seiten, DM 16.-, 1. Auflage

MEDITATION (Meditation)
Theorie und Praxis der White Eagle-Meditation
120 Seiten, DM 18.-, 6. Auflage

DER GEISTIGE PFAD (Spiritual Unfoldment I)
Geistige Entwicklung und Entfaltung der Seelenkräfte des Menschen
128 Seiten, DM 18.-, 6. Auflage

DIE STILLE DES HERZENS (The Still Voice)
Ein Buch für stille Stunden
112 Seiten, DM 18.-, 4. Auflage

WARUM? (Joan Hodgson)
Ein White Eagle Buch über den Sinn des Erdenlebens
136 Seiten, DM 18.-, 5. Auflage

MIT WHITE EAGLE DURCH DAS JAHR
Auslese der markantesten Worte von White Eagle
128 Seiten, DM 19.80, 3. Auflage

GEISTIGE JAHRESZEITEN (The Way of the Sun)
Die spirituelle Bedeutung der Jahreszeiten
120 Seiten, DM 19.80, 2. Auflage

LICHTWEGE
112 Seiten, DM 19,80, 1. Auflage

DAS JESUS BUCH
152 Seiten, DM 19,80, 1. Auflage

DAS GROSSE WHITE EAGLE HEILUNGSBUCH
(The White Eagle Lodge Book of Health and Healing)
176 Seiten, DM 32.-, 6. Auflage

DIE WHITE EAGLE HEILUNGSPRAXIS
Das große White Eagle Heilungsbuch Bd. 2
312 Seiten, DM 38.-, 4. Auflage

DAS GROSSE ASTROLOGIE BUCH
240 Seiten, DM 38.-, 2. Auflage

DIE VERBORGENE WEISHEIT DES
JOHANNES EVANGELIUMS
240 Seiten, DM 38.-, 3. Auflage

White Eagle

Der geistige Pfad

Mit diesem Werk werden die Freunde von White Eagle noch tiefer als bisher in das Geheimnis menschlichen Daseins eingeweiht. White Eagle zeigt, in welcher Weise das Leben des Menschen eingeflochten ist in die geistigen Reiche. Er offenbart die Schönheit der höheren Welten, führt die suchende Seele in die "Hallen des Lernens" und läßt sie die Verbindung mit ihren spirituellen Führern erkennen.

Erstmals beschreibt White Eagle ausführlich die Schritte zur Entwicklung höheren Bewußtseins, die Ausbildung der Fähigkeiten des Hellsehens und Hellhörens.

Besonderen Raum schenkt er dem Zwillingsgesetz von Wiederverkörperung und Karma. In einzigartiger Klarheit entschlüsselt er das Mysterium des Rades der Wiedergeburt, indem er den Unterschied zwischen der begrenzten irdischen Persönlichkeit und ihrem höheren Selbst offenbart.

Der "Geistige Pfad" schließt mit einer Botschaft über geistiges Heilen und die Macht der Gedanken.

Durch alle Kapitel schwingt jener wunderbare Geist der Güte, der White Eagle charakterisiert und der auch dieses Buch zu einem strahlenden Licht für den Lebensweg werden läßt.

ISBN 3-922936-04-0
Pbk., 128 Seiten

Walter Ohr

Wer ist WHITE EAGLE ?

Von allen White Eagle-Freunden lang erwartet, liegt nun endlich die ausführliche Schilderung des geistigen Lehrers WHITE EAGLE in Buchform vor. Walter Ohr, der langjährige Übersetzer und beste Kenner der White Eagle-Lehren im deutschsprachigen Raum hat aus der Fülle des englischen Gesamtwerkes alles Wissenswerte zur 'Person' White Eagles herausgesucht und zusammengefaßt.

White Eagle macht kein Geheimnis um seine Person, er wollte auch nicht der 'große Unbekannte' hinter dem Schleier von Raum und Zeit sein. Doch noch ferner lag ihm ein — wie auch immer gearteter — Personenkult. Im Laufe seiner jahrzehntelangen Zusammenarbeit mit Grace Cooke, seinem irdischen Werkzeug, gab White Eagle immer wieder Informationen, die seine Person und seine historische Vergangenheit erkennen ließen. Auch aus den Reinkarnationserinnerungen von Grace Cooke zeichnete sich die Gestalt des großen Lehrers immer deutlicher ab.

White Eagle lehnte jede Verehrung als jenseitiger 'Meister' oder 'Guru' ab. Stets blieb er ein „älterer Bruder" — unser „älterer Bruder".

In seiner Arbeit gelingt es Walter Ohr, mit feiner Feder die Wesensart White Eagles scharf und deutlich herauszuarbeiten und dabei seine Originalität, Demut und Weisheit zum Ausdruck zu bringen. Außerdem stellt der Autor die White Eagle-Familie, die englische Mutterloge und den White Eagle-Tempel vor. Abschließend werden die zentralen Lehren von White Eagle kurz umrissen.

Ein unentbehrliches Buch für die große Freundesschar von White Eagle!

ISBN 3-922936-15-6
Pbk., ca. 48 Seiten